JN074522

2024年度版

FP技能検定 2級 過去問題集

実技試験

個人資産相談業務

近代セールス社

「ファイナンシャル・プランニング技能検定（FP技能検定）」は、職業能力開発促進法に基づき、ファイナンシャル・プランニングの技能を国として証明する国家検定制度です。この技能検定の合格者に付与される「ファイナンシャル・プランニング技能士（FP技能士）」は国家資格であり、技能検定合格者しか名乗れない名称独占資格（永久資格）です。

　FP技能検定は、厚生労働省から指定試験機関の指定を受けた特定非営利活動法人・日本ファイナンシャル・プランナーズ協会（日本FP協会）と一般社団法人・金融財政事情研究会（金財）が、年3回（5月、9月、1月）試験を実施しています（2020年5月試験は、新型コロナウイルス感染拡大により中止）。試験は、学科試験と実技試験の2種類で行われ、両方に合格する必要があります。

　学科試験は日本FP協会・金財とも同一問題ですが、実技試験は業務別試験で、日本FP協会は「資産設計提案業務」、金財は「個人資産相談業務」「中小企業主資産相談業務」「生保顧客資産相談業務」「損保顧客資産相談業務」を実施しています（2級の場合）。

　本書は、このうち「個人資産相談業務」の過去問題5回分を掲載しています。

「合格の決め手は『過去問』にあり！」

　緊張感あふれる試験会場で決められた時間内に数多くの問題に挑み合格点に達するには、出題の傾向を知り解答の勘所を身に付け時間配分にも慣れることが肝要です。そのために、過去問を2度、3度繰り返し解くという勉強法は、合格に達する必須の訓練です。

　本書が、FP技能検定2級（個人資産相談業務）合格への近道を提供できれば幸いです。

株式会社　近代セールス社

目　次

２級試験の合格率

実施時期	試験科目		受検申請者数	受検者数 （A）	合格者数 （B）	合格率 （B／A）
2022年5月	学科	金財	47,971	36,863	8,152	22.11%
		日本FP協会	34,877	27,678	13,617	49.20%
	実技	個人資産相談業務	16,701	12,319	3,874	31.44%
		資産設計提案業務	30,454	23,237	14,432	62.11%
2022年9月	学科	金財	44,968	34,872	5,495	15.75%
		日本FP協会	31,989	26,265	11,074	42.16%
	実技	個人資産相談業務	15,634	11,716	4,867	41.54%
		資産設計提案業務	27,115	21,516	12,167	56.55%
2023年1月	学科	金財	47,555	36,713	10,676	29.07%
		日本FP協会	37,352	29,466	16,537	56.12%
	実技	個人資産相談業務	16,943	12,487	4,257	34.09%
		資産設計提案業務	31,645	23,944	14,283	59.53%
2023年5月	学科	金財	35,898	27,239	4,772	17.51%
		日本FP協会	30,511	24,727	12,072	48.82%
	実技	個人資産相談業務	13,187	9,827	3,908	39.76%
		資産設計提案業務	27,999	22,167	12,991	58.61%
2023年9月	学科	金財	36,884	28,094	6,393	22.75%
		日本FP協会	29,220	23,917	12,804	53.54%
	実技	個人資産相談業務	12,444	9,065	3,750	41.36%
		資産設計提案業務	26,198	20,892	10,867	52.02%
2024年1月	学科	金財	37,990	29,226	3,881	13.27%
		日本FP協会	33,648	26,563	10,360	39.00%
	実技	個人資産相談業務	13,675	10,036	3,725	37.11%
		資産設計提案業務	31,907	24,632	15,055	61.12%

＊最新の試験の結果は、金財・日本FP協会のHPで確認できます。

実技試験「個人資産相談業務」は、学科試験の試験範囲6科目のうち、ライフプランニングと資金計画、金融資産運用、タックスプランニング、不動産、相続・事業承継の5科目から、事例形式で5題（1題3問）15問が出題され、50点満点で30点以上（6割）の正解で合格となります。過去15回分の出題内容は、下記の通りです。

		2019・1	2019・5	2019・9	2020・1	2020・9
ライフプランニング・資金計画	テーマ	家族の生活保障	老後資金の準備	継続雇用	早期退職と開業	老後資金の準備
	語群選択	遺族基礎年金	個人型年金	公的年金制度の老齢給付	公的年金制度の老齢給付	個人型確定拠出年金
	○×式	公的年金・公的介護保険	年金の受給	社会保険全般	公的年金・小規模企業共済制度	公的年金・個人型確定拠出年金
	計算問題	遺族厚生年金の年金額	公的年金制度の老齢給付	老齢基礎年金・老齢厚生年金の年金額	老齢基礎年金・老齢厚生年金の年金額	老齢基礎年金・老齢厚生年金の年金額
金融資産運用	テーマ	投資信託	株式投資	株式投資	債券・外貨預金	株式投資
	語群選択	投資信託全般	配当金・譲渡益	NISAのロールオーバー	——	——
	○×式	投資信託の購入方法	投資指標	株式投資全般	債券投資・外貨預金の留意点	米国の経済指標等
					債券投資・外貨預金に係る課税	株式の購入
	計算問題	換金時の所得税・住民税	投資指標	投資指標	債券・外貨預金の利回り	ROE・配当利回り
タックスプランニング	テーマ	住宅取得	所得税	定年退職	住宅取得	所得税
	語群選択	住宅借入金等特別控除	損益通算	——	住宅借入金等特別控除	医療費控除
	○×式	住宅借入金等特別控除	所得税の課税	所得税の課税	住宅借入金等特別控除	所得税全般
	計算問題	所得税	総所得金額	退職所得の金額	所得税	課税総所得金額
不動産	テーマ	自宅・賃貸アパート建替え	土地の活用	空き家の活用	賃貸マンション経営	土地の活用
	語群選択	自宅の譲渡	事業用定期借地権	建設協力金方式	地積規模の大きな宅地の評価	路線価、相続税評価
	○×式	土地の有効活用の手法	建設協力金方式	居住用財産に係る譲渡所得の特別控除の特例	自己建設方式	土地の有効活用
	計算問題	建築面積・延べ面積	延べ面積	建蔽率・容積率	建蔽率・容積率	延べ面積
相続・事業承継	テーマ	生前贈与	相続	相続	相続	相続
	語群選択	相続税全般	相続税額の算出方法・相続開始後の手続き	事業承継に係る税制	——	遺言、遺留分、小規模宅地等の特例
	○×式	相続時精算課税制度	遺産分割・遺言	遺産分割・遺言	不動産賃貸業の法人化	直系尊属から住宅取得等資金の贈与を受けた場合の贈与税の非課税
	計算問題	贈与税	相続税の総額	相続税の総額	相続税の総額	相続税の総額

※2020年5月試験は、新型コロナウイルスの感染拡大により中止となりました。

		2021・1	2021・5	2021・9	2022・1	2022・5
ライフプランニング・資金計画	テーマ	遺族年金	老後資金の準備	遺族年金	老後資金の準備	早期退職と開業
	語群選択	公的年金からの遺族給付	国民年金・国民年金基金	公的年金からの遺族給付、遺族年金生活者支援給付金	高年齢雇用継続基本給付金、退職後の健康保険	退職後の国民年金、保険料の免除
	○×式	遺族給付の各種取扱い	公的年金制度等の各種取扱い	遺族給付、障害給付	公的年金からの老齢給付	個人事業主になった場合の老後資金の準備
	計算問題	遺族厚生年金の年金額	老齢基礎年金、老齢厚生年金の年金額	遺族厚生年金の年金額	老齢基礎年金、老齢厚生年金の年金額	退職して個人事業手となった場合の、65歳からの老齢厚生年金の年金額
金融資産運用	テーマ	株式投資	株式投資	株式投資	株式投資	株式投資
	語群選択	——	——	——	——	——
	○×式	株式の投資指標等	株式投資の留意点	株式の投資指標等	株式投資の留意点	日本の証券市場
		NISA	つみたてNISA	NISA	株式投資全般	つみたてNISA
	計算問題	ROE・PER	ROE・配当利回り	ROE・PBR	ROE・配当利回り	ROE・配当性向
タックスプランニング	テーマ	定年退職	所得税	住宅取得	定年退職	所得税
	語群選択	——	青色申告	住宅借入金等特別控除	——	——
	○×式	配偶者控除、扶養控除	所得税の課税	住宅取得等資金の贈与の特例、住宅借入金等特別控除	基礎控除、配偶者控除、扶養控除	損益通算、雑所得、青色申告
	計算問題	退職所得の金額	所得税	所得税	退職所得の金額	所得控除、セルフメディケーション税制
		一時所得の金額、総所得金額			一時所得の金額、総所得金額	雑所得の金額、総所得金額
不動産	テーマ	相続した土地の活用	相続した土地の活用	相続した土地の活用	相続した土地の活用	賃貸マンション経営
	語群選択	——	——	——	事業用定期借地権	——
	○×式	事業用定期借地権	居住用財産に係る譲渡所得の特別控除の特例	自己建設方式	被相続人の居住用財産（空き家）を売ったときの特例	自己建設方式による賃貸マンション事業
		被相続人の居住用財産（空き家）を売ったときの特例	等価交換方式	賃貸事業開始後の相続税評価		賃貸マンション事業のリスク対策
	計算問題	建築面積、延べ面積	建築面積、延べ面積	建築面積、延べ面積	建築面積、延べ面積	建築面積、延べ面積
相続・事業承継	テーマ	相続	相続・生前贈与	相続	生前贈与・相続	相続
	語群選択	相続開始後の手続等	——	遺留分、小規模宅地等の特例	——	準確定申告、配偶者の税額軽減、小規模宅地等の特例
	○×式	相続税全般	遺言、遺留分、小規模宅地等の特例	遺言、遺留分	相続時精算課税制度	相続税額の2割加算、自社株式の評価、相続税の総額
					相続税全般	
	計算問題	相続税の総額	贈与税	相続税の総額	生前贈与	相続税の総額
			相続税の総額			

		2022・9	2023・1	2023・5	2023・9	2024・1
ライフプランニング・資金計画	テーマ	遺族年金・介護保険	老後資金の準備	遺族給付・障害給付	老後資金の準備	老後資金の準備
	語群選択	遺族基礎年金、遺族年金生活者支援給付金	国民年金の付加保険料、国民年金基金	公的年金からの遺族給付、遺族年金生活者支援給付金	個人型確定拠出年金	国民年金基金
	○×式	公的介護保険の保険給付等	公的年金制度等の各種取扱い	遺族給付、障害給付	老齢基礎年金の繰下げ支給、国民年金の学生納付特例、個人型確定拠出年金の死亡一時金	国民年金の付加保険料、老齢年金の繰下げ支給、小規模企業共済制度
	計算問題	遺族厚生年金の年金額	老齢基礎年金、老齢厚生年金の年金額	遺族厚生年金の年金額	老齢基礎年金、老齢厚生年金の年金額	老齢基礎年金、老齢厚生年金の年金額
金融資産運用	テーマ	株式投資	債券・外貨預金	株式投資	株式投資・投資信託	株式投資・債券
	語群選択					
	○×式	株式の投資指標	社債の格付、利子額、課税	株式取引のルール	PER、特定口座、権利の確定	株式の投資指標
	○×式	NISA	外貨預金の留意点	株式の投資指標	信託報酬、ドルコスト平均法、分配金	株式・債券の売買等に係る税金
	計算問題	ROE、PER	債券・外貨預金の利回り	PER・PBR	ROE、配当利回り	社債の利回り
タックスプランニング	テーマ	住宅取得	所得税	所得税	所得税	所得税
	語群選択	住宅借入金等特別控除	医療費控除	青色申告		所得控除
	○×式	住宅借入金等特別控除	所得控除	不動産所得の損失の損益通算、配偶者控除、扶養控除	不動産所得の損失の繰越控除、社会保険料控除、配偶者控除・扶養控除	退職所得への課税、特定口座内で生じた損失の繰越控除、所得金額調整控除額
	計算問題	所得税	給与所得の金額、総所得金額	所得税	退職所得の金額	雑所得の金額、総所得金額
	計算問題				給与所得の金額、総所得金額	
不動産	テーマ	空き家の活用	土地の活用	賃貸マンション経営	土地の活用	土地の活用
	語群選択	被相続人の居住用財産（空き家）に係る譲渡所得の特別控除の特例	――	――	――	――
	○×式	建設協力金方式	相続税評価	マスターリース契約、NOI利回り	居住用財産の譲渡、借地借家法	定期借地権方式
	○×式		トランクルーム経営の留意点	賃貸マンションを建築する場合の課税	建設協力金方式、賃貸事業開始後の相続税評価	定期借地権方式での有効活用における課税
	計算問題	建築面積、延べ面積	建築面積、延べ面積	建築面積、延べ面積	建築面積、延べ面積	建築面積、延べ面積
相続・事業承継	テーマ	相続	相続	相続	相続	相続
	語群選択	遺留分、小規模宅地等の特例、養子縁組	――	準確定申告、配偶者の税額軽減、小規模宅地等の特例	遺留分、小規模宅地等の特例、相続税の申告	遺留分、配偶者に対する相続税額の軽減、小規模宅地等の特例
	○×式	直系尊属から教育資金の一括贈与を受けた場合の贈与税の非課税	遺産分割、遺留分、小規模宅地等の特例	相続開始後の手続き、死亡退職金への課税	不動産賃貸業の法人化	遺言
	○×式		直系尊属から住宅取得資金の贈与を受けた場合の贈与税の非課税			
	計算問題	相続税の総額	相続税の総額	相続税の総額	相続税の総額	相続税の総額

問題編

2024年1月試験（個人資産相談業務）

実 施 日 ◆ 2024年1月28日（日）
試験時間 ◆ 13：30〜15：00(90分)

解答にあたっての注意

1. 試験問題については、特に指示のない限り、2023年10月1日現在施行の法令等に基づいて解答してください。なお、東日本大震災の被災者等に対する各種特例等については考慮しないものとします。

2. 問題は、【第1問】から【第5問】まであります。

3. 各問の問題番号は、通し番号になっており、《問1》から《問15》までとなっています。

4. 解答にあたっては、各設例および各問に記載された条件・指示に従うものとし、それ以外については考慮しないものとします。

5. 解答は、解答用紙に記入してください。その際、漢字は楷書で、数字は算用数字で明瞭に記入してください。また、記号は判別できるよう明瞭に記入してください。

次の設例に基づいて、下記の各問（《問１》～《問３》）に答えなさい。

≪設 例≫

　Ａさん（43歳）は、大学卒業後に14年勤めた会社を2017年３月末日に退職し、個人事業主として独立した。現在、事業は軌道に乗り、収入は安定している。

　Ａさんは、最近、公的年金制度について理解したうえで、老後の収入を増やすことができる各種制度を利用したいと考えている。

　そこで、Ａさんは、ファイナンシャル・プランナーのＭさんに相談することにした。

〈Ａさんとその家族に関する資料〉

（１）Ａさん（43歳、個人事業主）

　　　・1980年７月18日生まれ

　　　・公的年金加入歴：下図のとおり（60歳までの見込みを含む）

　　　　　　　　　　　なお、20歳から22歳の大学生であった期間（33月）は国民年金の学生納付特例制度の適用を受けており、その期間の保険料については追納していない。

20歳　　　　　　22歳　　　　　　　　　　　36歳　　　　　　　　　　　　60歳		
国民年金 学生納付特例期間 （33月）	厚生年金保険 被保険者期間 （168月） 平均標準報酬額：30万円	国民年金 保険料納付済期間 （279月）
	2003年４月　　　　　　　　2017年４月	

（２）妻Ｂさん（41歳、会社員）

　　　・1982年12月８日生まれ

　　　・公的年金加入歴：20歳から22歳の大学生であった期間（28月）は国民年金の第１号被保険者として保険料を納付し、22歳から現在に至るまでの期間は厚生年金保険に加入している。また、65歳になるまでの間、厚生年金保険の被保険者として勤務する見込みである。

※妻Ｂさんは、現在および将来においても、Ａさんと同居し、Ａさんと生計維持関係にあるものとする。

※Ａさんと妻Ｂさんは、現在および将来においても、公的年金制度における障害等級に該当する障害の状態にないものとする。

※上記以外の条件は考慮せず、各問に従うこと。

Aさんが、原則として65歳から受給することができる老齢基礎年金および老齢厚生年金の年金額（2023年度価額）を計算した次の〈計算の手順〉の空欄①～④に入る最も適切な数値を解答用紙に記入しなさい。なお、計算にあたっては、《設例》の〈Aさんとその家族に関する資料〉および下記の〈資料〉に基づくこと。また、問題の性質上、明らかにできない部分は「□□□」で示してある。

〈計算の手順〉

1．老齢基礎年金の年金額（円未満四捨五入）　　　（　①　）円

2．老齢厚生年金の年金額

（1）報酬比例部分の額（円未満四捨五入）　　　（　②　）円

（2）経過的加算額（円未満四捨五入）　　　　　（　③　）円

（3）基本年金額（上記「（1）＋（2）」の額）　　□□□円

（4）加給年金額（要件を満たしている場合のみ加算すること）

（5）老齢厚生年金の年金額　　　　　　　　　　（　④　）円

〈資料〉

○老齢基礎年金の計算式（4分の1免除月数、4分の3免除月数は省略）

$$795,000円 \times \frac{保険料納付済月数 + 保険料半額免除月数 \times \frac{\Box}{\Box} + 保険料全額免除月数 \times \frac{\Box}{\Box}}{480}$$

○老齢厚生年金の計算式（本来水準の額）

ⅰ）報酬比例部分の額（円未満四捨五入）＝ⓐ＋ⓑ

ⓐ2003年3月以前の期間分

$$平均標準報酬月額 \times \frac{7.125}{1,000} \times 2003年3月以前の被保険者期間の月数$$

ⓑ2003年4月以後の期間分

$$平均標準報酬額 \times \frac{5.481}{1,000} \times 2003年4月以後の被保険者期間の月数$$

ⅱ）経過的加算額（円未満四捨五入）＝1,657円×被保険者期間の月数

$$-795,000円 \times \frac{1961年4月以後で20歳以上60歳未満の厚生年金保険の被保険者期間の月数}{480}$$

ⅲ）加給年金額＝397,500円（要件を満たしている場合のみ加算すること）

11

Mさんは、Aさんに対して、公的年金制度等の各種取扱いについて説明した。Mさんが説明した次の記述①～③について、適切なものには○印を、不適切なものには×印を解答用紙に記入しなさい。

① 「Aさんは、国民年金の付加保険料を納付することができます。仮に、Aさんが月額400円の付加保険料を180月納付し、65歳から老齢基礎年金を受け取る場合、老齢基礎年金の額に付加年金として年額36,000円が上乗せされます」

② 「老齢基礎年金および老齢厚生年金は、繰下げ支給の申出により、繰り下げた月数に応じて増額された年金を受給することができます。Aさんの場合、65歳1ヵ月以降に繰下げ支給の申出をすることができ、その増額率は、繰り下げた月数に応じて最小で0.7％、最大で84.0％となります」

③ 「小規模企業共済制度は、個人事業主が廃業等した場合に必要となる資金を準備しておくための制度です。支払った掛金が所得控除の対象になることはメリットですが、契約者本人の都合で任意に解約ができないことに注意が必要です」

Mさんは、Aさんに対して、国民年金基金について説明した。Mさんが説明した以下の文章の空欄①～③に入る最も適切な語句または数値を、下記の〈語句群〉のなかから選び、その記号を解答用紙に記入しなさい。なお、問題の性質上、明らかにできない部分は「□□□」で示してある。

「国民年金基金は、老齢基礎年金に上乗せする年金を支給する任意加入の年金制度です。加入は口数制となっており、1口目は、保証期間のある（　①　）年金A型と保証期間のない（　①　）年金B型のいずれかの給付の型を選択します。2口目以降は、2種類の（　①　）年金と5種類の□□□年金のなかから選択することができます。掛金の額は、加入者が選択した給付の型や口数、加入時の年齢等で決まり、掛金の拠出限度額は月額（　②　）円です。なお、国民年金基金に加入している間は、国民年金の付加保険料を納付することができません。

国民年金基金の給付には、老齢年金のほかに遺族一時金があります。遺族一時金は、加入員が年金を受け取る前に死亡した場合などに、その遺族に対して支払われます。遺族が受け取った遺族一時金は、（　③　）」

〈語句群〉

イ．12,000 　　 ロ．23,000 　　 ハ．30,000 　　 ニ．68,000 　　 ホ．70,000

ヘ．確定 　　 ト．有期 　　 チ．終身

リ．所得税の課税対象となります 　　 ヌ．相続税の課税対象となります

ル．所得税と相続税のいずれの課税対象にもなりません

次の設例に基づいて、下記の各問（《問４》～《問６》）に答えなさい。

≪設　例≫

　会社員のAさん（30歳）は、将来に向けた資産形成のため、株式や債券への投資による資産運用を考えている。株式については同業種の上場会社であるX社とY社の株式に、債券については上場会社であるZ社の社債に興味を持ったが、実際に投資する前に、投資指標や売買等に係る税金について理解しておきたいと考えている。

　そこで、Aさんは、ファイナンシャル・プランナーのMさんに相談することにした。

〈X社およびY社に関する資料〉

・財務データ （単位：百万円）

	X社	Y社
資 産 の 部 合 計	310,000	470,000
負 債 の 部 合 計	60,000	180,000
純 資 産 の 部 合 計	250,000	290,000
売 上 高	180,000	360,000
営 業 利 益	20,000	34,000
経 常 利 益	21,000	35,000
当 期 純 利 益	17,000	24,000
配 当 金 総 額	6,300	7,000

※純資産の金額と自己資本の金額は同じである。

・株式に関する情報

　X社：株価1,500円、発行済株式数１億8,000万株、１株当たり年間配当金35円

　Y社：株価2,400円、発行済株式数１億株、１株当たり年間配当金70円

〈Z社債に関する資料〉

・購入価格　：　99.30円（額面100円当たり）

・表面利率　：　0.55％

・利払日　：　年２回

・残存期間　：　４年

・償還価格　：　100円（額面100円当たり）

※Z社債は、特定公社債に該当する。

※上記以外の条件は考慮せず、各問に従うこと。

問 4

　　Mさんは、Aさんに対して、《設例》のデータに基づいて、株式の投資指標について説明した。Mさんが説明した次の記述①〜③について、適切なものには○印を、不適切なものには×印を解答用紙に記入しなさい。

①「X社およびY社のROEはいずれも8％を上回っています。一般に、ROEが高い会社ほど、自己資本の効率的な活用がなされていると判断することができます」

②「X社株式およびY社株式のPBRはいずれも1倍を下回っています。一般に、PBRが低いほど株価は割安と判断されますが、PBRが1倍を大きく下回る株式は、その企業の資本収益性や成長性に対する投資家の評価が低い可能性があります」

③「配当性向は、X社のほうがY社よりも高くなっています。一般に、配当性向が高いほど、株主への利益還元の度合いが高いと考えることができます」

問 5

　　Mさんは、Aさんに対して、株式および債券の売買等に係る税金について説明した。Mさんが説明した次の記述①〜③について、適切なものには○印を、不適切なものには×印を解答用紙に記入しなさい。

①「Aさんが特定口座（源泉徴収あり）においてX社株式を株価1,500円で500株購入し、購入した年に株価1,700円で全株売却する場合、その他の取引や手数料等を考慮しなければ、売却益となる10万円の20.315％相当額が源泉徴収等されます」

②「AさんがX社株式やY社株式を購入して配当金の支払を受けた場合、その配当金について、申告分離課税を選択して所得税の確定申告をすることにより、配当控除の適用を受けることができます」

③「Z社債の利子は、源泉分離課税の対象となり、その支払を受ける際に当該利子額の20.315％相当額が源泉徴収等されることで納税が完結するため、X社株式やY社株式などの上場株式の譲渡損失の金額と損益通算することはできません」

Ｚ社債を《設例》の〈Ｚ社債に関する資料〉に基づいて購入した場合において、次の①、②をそれぞれ求め、解答用紙に記入しなさい（計算過程の記載は不要）。なお、〈答〉は、表示単位の小数点以下第３位を四捨五入し、小数点以下第２位までを解答すること。また、税金等は考慮しないものとする。

①Ｚ社債を償還まで保有した場合の最終利回り（年率・単利）

②Ｚ社債を２年後に額面100円当たり99.90円で売却した場合の所有期間利回り（年率・単利）

第3問 次の設例に基づいて、下記の各問（《問7》～《問9》）に答えなさい。

≪設 例≫

　X株式会社（以下、「X社」という）に勤務する会社員のAさん（60歳）は、妻Bさん（58歳）および母Cさん（84歳）との3人暮らしである。Aさんは、2023年10月に定年を迎え、X社から退職金の支給を受けたが、同社の継続雇用制度を利用して、引き続き勤務している。

〈Aさんとその家族に関する資料〉

　　Aさん（60歳）　：会社員

　　妻Bさん（58歳）：パートタイマー。2023年中に給与収入90万円を得ている。

　　母Cさん（84歳）：2023年中の収入は、公的年金の老齢給付のみであり、その収入金額は60万円である。

〈Aさんの2023年分の収入等に関する資料〉

　（1）給与収入の金額　　　　　　　　　　　　　：　　　900万円

　　　　※給与所得の金額は、705万円である。

　（2）上場株式の譲渡損失の金額　　　　　　　：　　　 80万円

　　　　※2023年中に金融商品取引業者等を通じて譲渡したことにより生じた損失の金額であり、全額が特定口座（源泉徴収あり）内で生じている。

　（3）確定拠出年金の老齢給付金の年金額　：　　　　6万円

　　　　※2023年中に支払った掛金の額は、12万円である。

　（4）個人年金保険契約に基づく年金収入　：　　　 90万円（必要経費は60万円）

　（5）X社から支給を受けた退職金の額　　：　　 2,500万円

　　　　※退職所得の金額は500万円であり、退職金の受給時に「退職所得の受給に関する申告書」を提出している。

※妻Bさんおよび母Cさんは、Aさんと同居し、生計を一にしている。

※Aさんとその家族は、いずれも障害者および特別障害者には該当しない。

※Aさんとその家族の年齢は、いずれも2023年12月31日現在のものである。

※上記以外の条件は考慮せず、各問に従うこと。

17

問 7

Aさんの2023年分の所得税の課税に関する次の記述①〜③について、適切なものには○印を、不適切なものには×印を解答用紙に記入しなさい。

① 「Aさんは、退職金の受給時に『退職所得の受給に関する申告書』を提出しているため、退職金の額の20.42％相当額が源泉徴収されていますが、他の所得とあわせて確定申告をすることで所得税の還付を受けられる可能性があります」

② 「Aさんが、特定口座（源泉徴収あり）内で生じた上場株式の譲渡損失の金額について、翌年分以後の上場株式等に係る譲渡所得等の金額および上場株式等に係る配当所得等の金額から繰越控除するためには、当該損失の金額について確定申告をする必要があります」

③ 「Aさんの給与収入の金額は850万円を超えているため、総所得金額の計算上、給与所得の金額から所定の算式により算出した所得金額調整控除額を控除します」

問 8

Aさんの2023年分の所得金額について、次の①、②を求め、解答用紙に記入しなさい（計算過程の記載は不要）。なお、〈答〉は万円単位とすること。

①雑所得の金額

②総所得金額

〈資料〉公的年金等控除額の速算表（一部抜粋）

公的年金等に係る雑所得以外の所得に係る合計所得金額が 1,000万円超2,000万円以下		
年金を受け取る 人の年齢	公的年金等の収入金額 （A）	公的年金等控除額
65歳未満	130万円以下	500,000円
	130万円超　　410万円以下	A×25％＋　175,000円
	410万円超　　770万円以下	A×15％＋　585,000円
	770万円超　1,000万円以下	A× 5 ％＋1,355,000円
	1,000万円超	1,855,000円

18

問 9

　　Aさんの2023年分の所得税における所得控除に関する以下の文章の空欄①～④に入る最も適切な語句または数値を、下記の〈語句群〉のなかから選び、その記号を解答用紙に記入しなさい。

Ⅰ「Aさんが支払った確定拠出年金の掛金は、小規模企業共済等掛金控除の対象となります。Aさんが適用を受けることができる小規模企業共済等掛金控除の控除額は、（　①　）万円です」

Ⅱ「Aさんは、妻Bさんについて配偶者控除の適用を受けることが（　②　）」

Ⅲ「母Cさんは、老人扶養親族のうち同居老親等に該当します。Aさんが適用を受けることができる扶養控除の控除額は、（　③　）万円です」

Ⅳ「Aさんの合計所得金額は2,400万円以下であるため、基礎控除の控除額は（　④　）万円となります」

〈語句群〉

イ. 4　　ロ. 6　　ハ. 12　　ニ. 38　　ホ. 48　　ヘ. 58　　ト. 63

チ. できます　　リ. できません

≪設　例≫

　会社員のＡさん（52歳）は、2年前に父親の相続により取得した甲土地（600㎡）を所有している。甲土地は、月極駐車場として賃貸しているが、収益性は高くない。

　Ａさんが甲土地について売却することを検討していたところ、先日、知り合いの不動産会社の社長から、「甲土地は最寄駅から近く、店舗や賃貸マンションの立地に適している。定期借地権方式による土地活用を検討してみてはどうか」との提案を受けた。

〈甲土地の概要〉

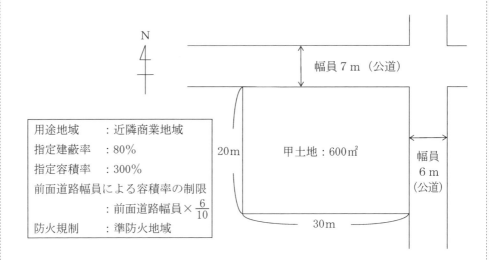

用途地域	：近隣商業地域
指定建蔽率	：80％
指定容積率	：300％
前面道路幅員による容積率の制限	：前面道路幅員×$\frac{6}{10}$
防火規制	：準防火地域

・甲土地は、建蔽率の緩和について特定行政庁が指定する角地である。

・指定建蔽率および指定容積率とは、それぞれ都市計画において定められた数値である。

・特定行政庁が都道府県都市計画審議会の議を経て指定する区域ではない。

※上記以外の条件は考慮せず、各問に従うこと。

問 10

☐ 　甲土地上に耐火建築物を建築する場合における次の①、②を求め、解答用紙に記入しなさい（計算過程の記載は不要）。

①建蔽率の上限となる建築面積

②容積率の上限となる延べ面積

問 11

☐ 　定期借地権方式による甲土地の有効活用に関する次の記述①〜③について、適切なものには○印を、不適切なものには×印を解答用紙に記入しなさい。

①「定期借地権方式は、事業者等に対して甲土地を一定期間賃貸する手法です。仮に、Ａさんが甲土地に事業用定期借地権を設定する場合、その契約は公正証書によってしなければなりません」

②「事業用定期借地権は、ドラッグストアやコンビニ等の店舗だけでなく、賃貸マンションや老人ホーム等の居住用の施設を有する建物を建築する場合にも設定することができます」

③「甲土地に建物譲渡特約付借地権を設定した場合、その設定後30年以上を経過した日に、Ａさんが甲土地上の建物を借地権者から買い取ったときは、借地契約が終了します。買い取った建物は賃貸することで家賃収入を得ることができますが、建物の維持管理の状態などによっては、十分な収益が見込めない可能性があります」

問 12

定期借地権方式により甲土地を有効活用する場合の課税等に関する次の記述①〜③について、適切なものには○印を、不適切なものには×印を解答用紙に記入しなさい。

① 「Aさんが甲土地に定期借地権を設定した場合、甲土地上の建物については借地権者が、甲土地については借地権割合に基づきAさんと借地権者が、それぞれ固定資産税の納税義務者となります」

② 「Aさんが甲土地に事業用定期借地権を設定し、その存続期間中にAさんの相続が開始した場合、相続税額の計算上、甲土地は貸家建付地として評価されます」

③ 「Aさんが甲土地に事業用定期借地権を設定した場合、当該借地契約は、借地権者から申出があっても更新することはできませんが、Aさんと借地権者の合意のもと、借地借家法で定められた事業用定期借地権の存続期間内で存続期間を延長することや、存続期間満了時において再契約することは可能です」

第 5 問 次の設例に基づいて、下記の各問（《問13》～《問15》）に答えなさい。

≪設　例≫

　Aさん（75歳）は、妻Bさん（71歳）、長男Dさん（45歳）および孫Eさん（19歳）とX市内の自宅で同居している。長男Dさんは、孫Eさんの母親と5年前に離婚した。Aさんは、50年前に先妻と離婚しており、先妻が引き取った長女Cさん（52歳）とは、離婚後一度も会っていない。

　Aさんは、すべての財産を妻Bさんおよび長男Dさんに相続させたいと思っているが、遺産争いを避けるため、長女Cさんに、所有する上場株式を相続させることを検討している。

〈Aさんの親族関係図〉

〈Aさんの主な所有財産（相続税評価額）〉

1．現預金	：	4,500万円
2．上場株式	：	2,500万円
3．自宅		
①敷地（350㎡）	：	7,000万円（注）
②建物	：	1,000万円
4．賃貸マンション		
①敷地（400㎡）	：	6,600万円（注）
②建物	：	2,400万円
合計	：	2億4,000万円

（注）「小規模宅地等についての相続税の課税価格の計算の特例」適用前の金額

※上記以外の条件は考慮せず、各問に従うこと。

遺言に関する次の記述①～③について、適切なものには○印を、不適切なものには×印を解答用紙に記入しなさい。

① 「遺産分割をめぐる争いを防ぐ手段として、遺言書の作成をお勧めします。公正証書遺言は、証人２人以上の立会いのもと、遺言者が遺言の趣旨を公証人に口授し、公証人がこれを筆記して作成するものですが、推定相続人である妻Ｂさんや長男Ｄさんだけでなく、孫Ｅさんも証人になることはできません」

② 「自筆証書遺言は、所定の手続により、法務局（遺言書保管所）に保管することができます。法務局に保管された自筆証書遺言は、遺言者の相続開始後、家庭裁判所における検認が不要となります」

③ 「遺言者は、遺言において遺言執行者を指定することができます。推定相続人は、未成年者および破産者に該当しない場合であっても、遺言執行者になることができませんので、遺言執行者を指定する場合は、信頼できる知人等に依頼することをご検討ください」

問 14

　現時点（2024年1月28日）において、Aさんの相続が開始した場合における相続税の総額を試算した下記の表の空欄①～③に入る最も適切な数値を求めなさい。なお、課税遺産総額（相続税の課税価格の合計額－遺産に係る基礎控除額）は1億4,000万円とし、問題の性質上、明らかにできない部分は「□□□」で示してある。

（a）相続税の課税価格の合計額	□□□万円
（b）遺産に係る基礎控除額	（　①　）万円
課税遺産総額（（a）－（b））	1億4,000万円
相続税の総額の基となる税額	
妻Bさん	□□□万円
長女Cさん	（　②　）万円
長男Dさん	□□□万円
（c）相続税の総額	（　③　）万円

〈資料〉相続税の速算表（一部抜粋）

法定相続分に応ずる取得金額		税率	控除額
万円超	万円以下		
〜	1,000	10%	―
1,000 〜	3,000	15%	50万円
3,000 〜	5,000	20%	200万円
5,000 〜	10,000	30%	700万円
10,000 〜	20,000	40%	1,700万円

Aさんの相続等に関する以下の文章の空欄①～④に入る最も適切な語句または数値を、下記の〈語句群〉のなかから選び、その記号を解答用紙に記入しなさい。なお、問題の性質上、明らかにできない部分は「□□□」で示してある。

Ⅰ 「遺言により上場株式のみを長女Cさんに相続させる場合、長女Cさんの遺留分を侵害する可能性があります。仮に、遺留分を算定するための財産の価額を2億4,000万円とした場合、長女Cさんの遺留分の金額は、（ ① ）万円となります。なお、遺留分侵害額請求権は、長女Cさんが相続の開始および遺留分を侵害する贈与または遺贈があったことを知った時から（ ② ）間行使しないときは、時効によって消滅します」

Ⅱ 「妻Bさんが『配偶者に対する相続税額の軽減』の適用を受ける場合、原則として、妻Bさんが相続により取得した財産の金額が、妻Bさんの法定相続分相当額と1億6,000万円のいずれか（ ③ ）金額を超えない限り、妻Bさんが納付すべき相続税額は算出されません」

Ⅲ 「長男Dさんが自宅の敷地および建物を相続により取得し、自宅の敷地（相続税評価額7,000万円）について、特定居住用宅地等として限度面積まで『小規模宅地等についての相続税の課税価格の計算の特例』の適用を受けた場合、相続税の課税価格に算入すべき当該敷地の価額は（ ④ ）万円となります」

〈数値群〉

イ. 1,400	ロ. 1,720	ハ. 2,000	ニ. 3,000	ホ. 3,500
ヘ. 5,600	ト. 6,000	チ. 10ヵ月	リ. 1年	ヌ. 3年
ル. 多い	ヲ. 少ない			

問題編

2023年9月試験（個人資産相談業務）

実 施 日 ◆ 2023年9月10日（日）
試験時間 ◆ 13：30〜15：00(90分)

解答にあたっての注意

1. 試験問題については、特に指示のない限り、2023年4月1日現在施行の法令等に基づいて解答してください。なお、東日本大震災の被災者等に対する各種特例等については考慮しないものとします。

2. 問題は、【第1問】から【第5問】まであります。

3. 各問の問題番号は、通し番号になっており、《問1》から《問15》までとなっています。

4. 解答にあたっては、各設例および各問に記載された条件・指示に従うものとし、それ以外については考慮しないものとします。

5. 解答は、解答用紙に記入してください。その際、漢字は楷書で、数字は算用数字で明瞭に記入してください。また、記号は判別できるよう明瞭に記入してください。

≪設　例≫

　X株式会社（以下、「X社」という）に勤務するAさん（48歳）は、会社員の妻Bさん（49歳）および大学生の長女Cさん（19歳）との3人暮らしである。Aさんは、大学卒業後、X社に入社し、現在に至るまで同社に勤務しており、継続雇用制度を利用して65歳まで働く予定である。

　Aさんは、最近、公的年金制度について理解したいと考えており、また、確定拠出年金の個人型年金にも興味を持っている。そこで、Aさんは、ファイナンシャル・プランナーのMさんに相談することにした。

＜Aさんとその家族に関する資料＞

（1）Aさん（1974年12月10日生まれ・48歳・会社員）

　　・公的年金加入歴：下図のとおり（65歳までの見込みを含む）

　　・全国健康保険協会管掌健康保険、雇用保険に加入している。

　　・X社が実施している確定給付企業年金の加入者である。

20歳	22歳			65歳
国民年金 保険料納付済期間 （28月）	厚　生　年　金　保　険			
	被保険者期間 （72月）		被保険者期間 （440月）	
	（2003年3月以前の 平均標準報酬月額25万円）		（2003年4月以後の 平均標準報酬額42万円）	

（2）妻Bさん（1974年3月20日生まれ・49歳・会社員）

　　・公的年金加入歴：20歳から22歳の大学生であった期間（25月）は国民年金の第1号被保険者として保険料を納付し、22歳から現在に至るまでの期間（329月）は厚生年金保険に加入している。また、65歳になるまでの間、厚生年金保険の被保険者として勤務する見込みである。

　　・全国健康保険協会管掌健康保険、雇用保険に加入している。

　　・勤務先は確定拠出年金の企業型年金および他の企業年金を実施していない。

（3）長女Cさん（2003年11月15日生まれ・19歳・大学生）

　　・Aさんが加入する全国健康保険協会管掌健康保険の被扶養者である。

※妻Bさんおよび長女Cさんは、現在および将来においても、Aさんと同居し、Aさんと生計維持関係にあるものとする。

※家族全員、現在および将来においても、公的年金制度における障害等級に該当する障害の状態にないものとする。

※上記以外の条件は考慮せず、各問に従うこと。

問 1

Aさんが、原則として65歳から受給することができる公的年金制度からの老齢給付について、次の①、②を求め、解答用紙に記入しなさい（計算過程の記載は不要）。計算にあたっては、《設例》の＜Aさんとその家族に関する資料＞および下記の＜資料＞に基づくこと。なお、年金額は2023年度価額に基づいて計算し、年金額の端数処理は円未満を四捨五入すること。

①老齢基礎年金の年金額

②老齢厚生年金の年金額

＜資料＞

○老齢基礎年金の計算式（4分の1免除月数、4分の3免除月数は省略）

$$795{,}000円 \times \frac{保険料納付済月数 + 保険料半額免除月数 \times \dfrac{\Box}{\Box} + 保険料全額免除月数 \times \dfrac{\Box}{\Box}}{480}$$

○老齢厚生年金の計算式（本来水準の額）

ⅰ）報酬比例部分の額（円未満四捨五入）＝ⓐ＋ⓑ

ⓐ2003年3月以前の期間分

$$平均標準報酬月額 \times \frac{7.125}{1{,}000} \times 2003年3月以前の被保険者期間の月数$$

ⓑ2003年4月以後の期間分

$$平均標準報酬額 \times \frac{5.481}{1{,}000} \times 2003年4月以後の被保険者期間の月数$$

ⅱ）経過的加算額（円未満四捨五入）＝1,657円 × 被保険者期間の月数

$$-795{,}000円 \times \frac{1961年4月以後で20歳以上60歳未満の厚生年金保険の被保険者期間の月数}{480}$$

ⅲ）加給年金額＝397,500円（要件を満たしている場合のみ加算すること）

Mさんは、Aさんに対して、確定拠出年金の個人型年金（以下、「個人型年金」という）について説明した。Mさんが説明した以下の文章の空欄①〜④に入る最も適切な語句または数値を、下記の〈語句群〉のなかから選び、その記号を解答用紙に記入しなさい。

Ⅰ「Aさんおよび妻Bさんは、老後の年金収入を増やす方法として、個人型年金に加入することができます。個人型年金は、加入者の指図により掛金を運用し、その運用結果に基づく給付を受け取る制度であり、拠出できる掛金の限度額は、Aさんの場合は年額144,000円、妻Bさんの場合は年額（　①　）円です。加入者が拠出した掛金は、その全額を所得税の（　②　）として総所得金額等から控除することができます」

Ⅱ「Aさんが60歳から個人型年金の老齢給付金を受給するためには、通算加入者等期間が（　③　）年以上なければなりません。なお、Aさんの通算加入者等期間が（　③　）年以上である場合、老齢給付金の受給開始時期を、60歳から（　④　）歳になるまでの間で選択することができます」

〈語句群〉

イ. 5　　　ロ. 10　　　ハ. 20　　　ニ. 75　　　ホ. 80　　　ヘ. 85

ト. 240,000　　　チ. 276,000　　　リ. 816,000　　　ヌ. 社会保険料控除

ル. 小規模企業共済等掛金控除　　　ヲ. 生命保険料控除

　　Mさんは、Aさんに対して、公的年金制度等についてアドバイスをした。Mさんがアドバイスした次の記述①～③について、適切なものには○印を、不適切なものには×印を解答用紙に記入しなさい。

①「Aさんが希望すれば、66歳以後、老齢基礎年金および老齢厚生年金の繰下げ支給の申出をすることができます。仮に、Aさんが70歳で老齢基礎年金の繰下げ支給の申出をした場合、当該年金額の増額率は24％となります」

②「長女Cさんが、2023年11月以降の大学生である期間について国民年金の学生納付特例の適用を受ける場合、長女Cさん本人に係る所得要件はありますが、Aさんおよび妻Bさんに係る所得要件はありません」

③「Aさんが確定拠出年金の個人型年金の加入後に死亡した場合において、個人別管理資産があるときは、Aさんの遺族は所定の手続により死亡一時金を受け取ることができます。Aさんの遺族が受け取る死亡一時金は、所得税と相続税のいずれの課税対象にもなりません」

次の設例に基づいて、下記の各問（《問４》～《問６》）に答えなさい。

≪設　例≫

　会社員のＡさん（30歳）は、将来に向けた資産形成のため、株式や投資信託に投資したいと考えているが、これまで投資経験がなく、株式や投資信託の銘柄を選ぶ際の判断材料や留意点について知りたいと思っている。

　そこで、Ａさんは、ファイナンシャル・プランナーのＭさんに相談することにした。Ｍさんは、Ａさんに対して、Ｘ社株式（東京証券取引所上場銘柄）およびＹ投資信託を例として、株式や投資信託に投資する際の留意点等について説明を行うことにした。

＜Ｘ社株式の情報＞

　・株価　：1,700円　　　　　　　・発行済株式数：5,000万株

　・決算期：2023年11月30日（木）（次回の配当の権利確定日に該当する）

＜Ｘ社の財務データ＞　　　　　　　　　　　　　　　　　（単位：百万円）

	80期	81期
資 産 の 部 合 計	102,000	110,000
負 債 の 部 合 計	23,000	27,000
純 資 産 の 部 合 計	79,000	83,000
売 上 高	65,000	73,000
営 業 利 益	6,800	7,500
経 常 利 益	6,500	7,000
当 期 純 利 益	4,900	5,200
配 当 金 総 額	2,400	2,600

※純資産の金額と自己資本の金額は同じである。

＜Ｙ投資信託（公募株式投資信託）に関する資料＞

銘柄名	：	エマージング株式ファンド
投資対象地域／資産	：	海外／新興国株式
信託期間	：	無期限
基準価額	：	13,500円（１万口当たり）
決算日	：	年１回（11月15日）
購入時手数料	：	3.3％（税込）
運用管理費用（信託報酬）	：	2.068％（税込）
信託財産留保額	：	0.3％

※上記以外の条件は考慮せず、各問に従うこと。

問 4

《設例》の＜Ｘ社株式の情報＞および＜Ｘ社の財務データ＞に基づいて算出される次の①、②を求めなさい（計算過程の記載は不要）。〈答〉は、表示単位の小数点以下第３位を四捨五入し、小数点以下第２位までを解答すること。

①81期におけるROE（自己資本は80期と81期の平均を用いる）

②81期における配当利回り

問 5

Mさんは、Ａさんに対して、Ｘ社株式を購入する際の留意点等について説明した。Mさんが説明した次の記述①～③について、適切なものには○印を、不適切なものには×印を解答用紙に記入しなさい。

①「Ｘ社株式のPERは15倍を下回っています。一般に、PERが低い銘柄ほど株価は割安とされていますが、Ｘ社株式に投資する際は、他の投資指標とあわせて同業他社の数値と比較するなど、多角的な視点で検討することが望まれます」

②「仮に、Ａさんが特定口座（源泉徴収あり）において、Ｘ社株式を株価1,700円で300株購入して同年中に株価1,750円で全株売却した場合、その他の取引や手数料等を考慮しなければ、売却益１万5,000円に対して20.315％相当額が源泉徴収等されます」

③「上場株式の配当を受け取るためには、普通取引の場合、権利確定日の２営業日前までに株式を買い付け、権利確定日まで売却せずに保有する必要があります。仮に、Ａさんが2023年11月28日（火）にＸ社株式を普通取引により買い付け、翌営業日の29日（水）に売却した場合、Ｘ社株式の次回の配当を受け取ることはできません」

　Mさんは、Aさんに対して、Y投資信託を購入する際の留意点等について説明した。Mさんが説明した次の記述①〜③について、適切なものには○印を、不適切なものには×印を解答用紙に記入しなさい。

①「運用管理費用（信託報酬）は、投資信託を保有する投資家が負担する費用です。一般に、アクティブ型投資信託は、パッシブ型投資信託よりも運用管理費用（信託報酬）が高い傾向があります」

②「ドルコスト平均法は、価格が変動する商品を定期的に一定口数購入する方法であり、定期的に一定額購入する方法よりも平均購入単価を引き下げる効果が期待できます」

③「仮に、Y投資信託から収益分配金が支払われ、分配後の基準価額がAさんの個別元本を上回っていた場合、当該分配金はすべて元本払戻金（特別分配金）となります」

――――――――――― ≪設 例≫ ―――――――――――

　X株式会社（以下、「X社」という）に勤務する会社員のAさん（60歳）は、妻Bさん（53歳）および長女Cさん（21歳）との３人暮らしである。Aさんは、2023年８月に定年を迎え、X社から退職金の支給を受けたが、X社の継続雇用制度を利用して、引き続き同社に勤務している。なお、下記の＜Aさんの2023年分の収入等に関する資料＞において、不動産所得の金額の前の「▲」は赤字であることを表している。

＜Aさんとその家族に関する資料＞

　Aさん　　　（60歳）：会社員

　妻Bさん　　（53歳）：パートタイマー。2023年中に給与収入90万円を得ている。

　長女Cさん　（21歳）：大学生。2023年中の収入はない。

＜Aさんの2023年分の収入等に関する資料＞

（１）給与収入の金額　　　　　　　　　　：　　　900万円

（２）不動産所得の金額　　　　　　　　　：　　▲40万円（白色申告）

　　　※損失の金額40万円のうち、当該不動産所得を生ずべき土地の取得に係る

　　　　負債の利子の額10万円を含む。

（３）一時払変額個人年金保険（10年確定年金）の解約返戻金

　　　契約年月　　　　　　　　　　　　：2014年７月

　　　契約者（＝保険料負担者）・被保険者　：　　Aさん

　　　死亡給付金受取人　　　　　　　　：　妻Bさん

　　　解約返戻金額　　　　　　　　　　：　　500万円

　　　正味払込保険料　　　　　　　　　：　　430万円

（４）X社から支給を受けた退職金の額　　：　2,450万円

　　　・定年を迎えるまでの勤続期間は36年５ヵ月である。

　　　・「退職所得の受給に関する申告書」を提出している。

※妻Bさんおよび長女Cさんは、Aさんと同居し、生計を一にしている。

※Aさんとその家族は、いずれも障害者および特別障害者には該当しない。

※Aさんとその家族の年齢は、いずれも2023年12月31日現在のものである。

※上記以外の条件は考慮せず、各問に従うこと。

問 7

Aさんが X 社から受け取った退職金に係る退職所得の金額を計算した下記の計算式の空欄①～④に入る最も適切な数値を、解答用紙に記入しなさい。なお、Aさんは、これ以外に退職手当等の収入はないものとする。また、問題の性質上、明らかにできない部分は「□□□」で示してある。

＜退職所得控除額＞

800万円＋（　①　）万円×{（　②　）年－20年}　＝（　③　）万円

＜退職所得の金額＞

(2,450万円－（　③　）万円)×□□□＝（　④　）万円

問 8

Aさんの2023年分の所得税の課税に関する次の記述①～③について、適切なものには○印を、不適切なものには×印を解答用紙に記入しなさい。

①「Aさんは不動産所得の金額に損失が生じているため、確定申告をすることによって、純損失の繰越控除の適用を受けることができます」

②「Aさんが長女Cさんの国民年金保険料を支払った場合、その支払った保険料はAさんの社会保険料控除の対象となります」

③「Aさんが適用を受けることができる配偶者控除および扶養控除の額は、それぞれ38万円です」

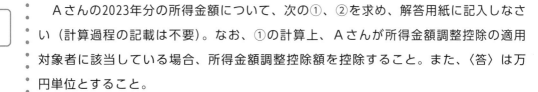

問 9

Aさんの2023年分の所得金額について、次の①、②を求め、解答用紙に記入しなさい（計算過程の記載は不要）。なお、①の計算上、Aさんが所得金額調整控除の適用対象者に該当している場合、所得金額調整控除額を控除すること。また、〈答〉は万円単位とすること。

①総所得金額に算入される給与所得の金額

②総所得金額

<資料>給与所得控除額

給与収入金額			給与所得控除額	
万円超		万円以下		
	～	180	収入金額×40％－10万円	(55万円に満たない 場合は、55万円)
180	～	360	収入金額×30％＋8万円	
360	～	660	収入金額×20％＋44万円	
660	～	850	収入金額×10％＋110万円	
850	～		195万円	

次の設例に基づいて、下記の各問（《問10》～《問12》）に答えなさい。

≪設 例≫

　Aさん（55歳）は、5年前に父親の相続（単純承認）により取得した自宅（建物とその敷地である甲土地）および月極駐車場（青空駐車場・乙土地）を所有している。父親が45年前に甲土地とともに購入した建物は老朽化が進んでおり、Aさんは自宅での生活に不便さを感じている。また、所有する月極駐車場では、その一部に空車が続いている。

　Aさんは、甲土地（自宅）および乙土地（駐車場）を売却し、同じ地域にマンションを購入して移り住むことを考えているが、相続した甲土地および乙土地を売却することに少し後ろめたさを感じている。先日、Aさんは、不動産会社を通じ、ドラッグストアのX社から「甲土地および乙土地に新規出店させていただけませんか。なお、甲土地および乙土地については、Aさんに建設協力金方式による有効活用をご検討いただきたいと考えています」との提案を受けた。

＜甲土地および乙土地の概要＞

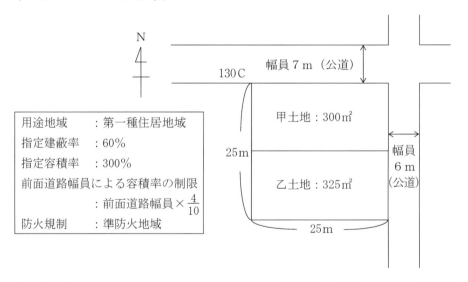

・甲土地、甲土地と乙土地を一体とした土地は、建蔽率の緩和について特定行政庁が指定する角地である。
・指定建蔽率および指定容積率とは、それぞれ都市計画において定められた数値である。
・特定行政庁が都道府県都市計画審議会の議を経て指定する区域ではない。

※上記以外の条件は考慮せず、各問に従うこと。

問 10

甲土地と乙土地を一体とした土地上に耐火建築物を建築する場合における次の①、②を求めなさい（計算過程の記載は不要）。

①建蔽率の上限となる建築面積

②容積率の上限となる延べ面積

問 11

自宅（建物とその敷地である甲土地）の譲渡および月極駐車場（乙土地）の賃貸借契約に関する次の記述①～③について、適切なものには○印を、不適切なものには×印を解答用紙に記入しなさい。

① 「Aさんがマンションに転居し、その後、居住していない現在の自宅を譲渡する場合、Aさんが『居住用財産を譲渡した場合の3,000万円の特別控除の特例』の適用を受けるためには、現在の自宅にAさんが居住しなくなった日から3年を経過する日の属する年の12月31日までに譲渡しなければなりません」

② 「『居住用財産を譲渡した場合の長期譲渡所得の課税の特例（軽減税率の特例)』の適用を受けるためには、譲渡した年の1月1日において居住用財産の所有期間が10年を超えていなければなりません。Aさんが現在の自宅を譲渡する場合、譲渡所得の金額の計算上、相続により取得した現在の自宅の取得時期は相続開始日とされるため、当該特例の適用を受けることはできません」

③ 「乙土地に係る月極駐車場の賃貸借契約には、借地借家法が適用されるため、当該契約に中途解約に関する条項がある場合であっても、正当な事由がない場合は、貸主であるAさんから解約を申し入れることができません」

建設協力金方式による甲土地と乙土地を一体とした土地の有効活用に関する次の記述①〜③について、適切なものには○印を、不適切なものには×印を解答用紙に記入しなさい。

①「建設協力金方式は、AさんがX社から建設資金の一部または全部を借り受けて、X社の要望に沿った店舗を建設し、その店舗をX社に賃貸する手法です。借り受けた建設資金は、元本の返済に加え、利子の支払が必要となることがありますが、不動産所得の金額の計算上、返済した元利金は必要経費に算入することができます」

②「建設協力金方式による土地の有効活用において、建設した店舗に係る固定資産税の納税義務は、Aさんが負うことになります」

③「Aさんが建設した店舗をX社に賃貸した後、その賃貸期間中にAさんの相続が開始した場合、相続税額の計算上、店舗は貸家として評価され、甲土地と乙土地を一体とした土地は貸宅地として評価されます」

≪設 例≫

　Aさん（71歳）は、父親から相続した先祖代々の土地を活用し、不動産賃貸業（個人事業）を営んでいる。Aさんの不動産収入は年間4,000万円程度であり、所得税の負担が大きいと感じている。そのため、X社を設立したうえで、賃貸不動産をX社に売却するなど、不動産賃貸業の法人化を検討している。

　Aさんは、現在、妻Bさん（67歳）および長男Cさん（38歳）と自宅で同居している。長男Cさんは、地元の中小企業に勤務する傍ら、Aさんの不動産賃貸業を手伝っている。二男Dさん（36歳）は、県外の企業に勤務しており、実家に戻る予定はない。

　Aさんは、不動産賃貸業を長男Cさんに引き継がせたいと思っているが、大半の財産を長男Cさんに相続させた場合、長男Cさんと二男Dさんとの間で争いが生じるのではないかと不安を感じている。

＜Aさんの推定相続人＞

　妻Bさん　　　：　専業主婦。Aさんと自宅で同居している。

　長男Cさん　　：　会社員。Aさん夫妻と同居している。

　二男Dさん　　：　会社員。妻と子と一緒にマンション（持家）に住んでいる。

＜Aさんの主な所有財産（相続税評価額）＞

　1．現預金　　　　　　：　　1億6,000万円

　2．自宅

　　①敷地（200㎡）　　：　　6,000万円

　　②建物　　　　　　　：　　1,000万円

　3．賃貸マンション甲

　　①敷地（300㎡）　　：　　9,000万円

　　②建物（築30年）　 ：　　2,800万円

　4．賃貸マンション乙

　　①敷地（400㎡）　　：　　1億2,000万円

　　②建物（築25年）　 ：　　3,200万円

　　合計　　　　　　　　：　　5億円

※自宅および賃貸マンション甲、乙の土地は「小規模宅地等についての相続税の課税価格の計算の特例」適用前の金額である。

※上記以外の条件は考慮せず、各問に従うこと。

　　不動産賃貸業の法人化に関する次の記述①～③について、適切なものには○印を、不適切なものには×印を解答用紙に記入しなさい。

①「Aさんから X 社に移転される不動産賃貸業に係る所得には、法人税が課されることになります。X 社の資本金の額が 1 億円以下であって一定の中小法人に該当する場合は、所得金額のうち年1,000万円以下の部分に軽減税率が適用されるなど、法人化によって不動産賃貸業に係る所得に対する税負担が軽減される可能性があります」

②「法人化に際して賃貸マンションの土地や建物を A さんから X 社に譲渡する場合は、A さんの譲渡所得に課される所得税や住民税の金額だけでなく、X 社が支払うことになる土地や建物に係る不動産取得税、登録免許税等の金額についても事前に把握し、検討しておくことをお勧めします」

③「法人化により、A さんだけでなく、長男 C さんが X 社の役員となって役員報酬を得ることで、所得の分散を図ることができます」

現時点（2023年9月10日）において、Aさんの相続が開始した場合における相続税の総額を試算した下記の表の空欄①～③に入る最も適切な数値を求めなさい。なお、課税遺産総額（相続税の課税価格の合計額－遺産に係る基礎控除額）は4億円とし、問題の性質上、明らかにできない部分は「□□□」で示してある。

（a）相続税の課税価格の合計額		□□□万円
	（b）遺産に係る基礎控除額	（ ① ）万円
課税遺産総額（（a）－（b））		4億円
	相続税の総額の基となる税額	
	妻Bさん	□□□万円
	長男Cさん	（ ② ）万円
	二男Dさん	□□□万円
（c）相続税の総額		（ ③ ）万円

<資料>相続税の速算表（一部抜粋）

法定相続分に応ずる取得金額			税率	控除額
万円超	～	万円以下		
	～	1,000	10%	―
1,000	～	3,000	15%	50万円
3,000	～	5,000	20%	200万円
5,000	～	10,000	30%	700万円
10,000	～	20,000	40%	1,700万円
20,000	～	30,000	45%	2,700万円
30,000	～	60,000	50%	4,200万円

Aさんの相続等に関する以下の文章の空欄①～④に入る最も適切な数値を、下記の〈数値群〉のなかから選び、その記号を解答用紙に記入しなさい。

Ⅰ 「遺言により賃貸マンション等の相続財産の大半を長男Cさんに相続させた場合、二男Dさんの遺留分を侵害する可能性があります。仮に、遺留分を算定するための財産の価額が5億円である場合、二男Dさんの遺留分の金額は（　①　）万円となります」

Ⅱ 「妻Bさんが自宅の敷地および建物を相続により取得し、自宅の敷地の全部について、『小規模宅地等についての相続税の課税価格の計算の特例』の適用を受けた場合、当該敷地（相続税評価額：6,000万円）について、相続税の課税価格に算入すべき価額を（　②　）万円とすることができます。なお、自宅の敷地について優先して本特例の適用を受けた場合、賃貸マンションの敷地のうち、貸付事業用宅地等として適用を受けることができる面積は所定の算式により調整しなければなりません」

Ⅲ 「相続税の申告書は、原則として、相続の開始があったことを知った日の翌日から（　③　）ヵ月以内に、Aさんの死亡時の住所地を所轄する税務署長に提出しなければなりません。相続税の申告期限までに遺産分割協議が調わなかった場合、相続税の申告時において、未分割の財産に対して『配偶者に対する相続税額の軽減』や『小規模宅地等についての相続税の課税価格の計算の特例』の適用を受けることができないというデメリットが生じます。その場合、相続税の申告の際に『申告期限後（　④　）年以内の分割見込書』を税務署に提出し、申告期限後（　④　）年以内に遺産分割協議が成立すれば、それらの特例の適用を受けるため、分割後4ヵ月以内に更正の請求を行うことができます」

〈数値群〉

イ. 2	ロ. 3	ハ. 4	ニ. 6	ホ. 10	ヘ. 12
ト. 1,200	チ. 3,000	リ. 4,800	ヌ. 6,000	ル. 6,250	ヲ. 12,500

問題編

2023年５月試験（個人資産相談業務）

実 施 日 ◆ 2023年５月28日（日）

試験時間 ◆ 13：30〜15：00(90分)

解答にあたっての注意

1. 試験問題については、特に指示のない限り、2022年10月１日現在施行の法令等に基づいて解答してください。なお、東日本大震災の被災者等に対する各種特例等については考慮しないものとします。

2. 問題は、【第１問】から【第５問】まであります。

3. 各問の問題番号は、通し番号になっており、《問１》から《問15》までとなっています。

4. 解答にあたっては、各設例および各問に記載された条件・指示に従うものとし、それ以外については考慮しないものとします。

5. 解答は、解答用紙に記入してください。その際、漢字は楷書で、数字は算用数字で明瞭に記入してください。また、記号は判別できるよう明瞭に記入してください。

≪設 例≫

　会社員のＡさん（46歳）は、妻Ｂさん（45歳）、長男Ｃさん（11歳）および長女Ｄさん（９歳）との４人暮らしである。Ａさんは、住宅ローンの返済や教育資金の準備など、今後の資金計画を再検討したいと考えており、その前提として、公的年金制度から支給される遺族給付や障害給付について知りたいと思っている。

　そこで、Ａさんは、懇意にしているファイナンシャル・プランナーのＭさんに相談することにした。

　Ａさんとその家族に関する資料は、以下のとおりである。

＜Ａさんとその家族に関する資料＞

（１）Ａさん（1977年１月12日生まれ・会社員）

　　　・公的年金加入歴：下図のとおり（2023年４月までの期間）

　　　・全国健康保険協会管掌健康保険、雇用保険に加入中

20歳	22歳		46歳
国民年金 保険料納付済期間 （27月）	厚　生　年　金　保　険		
	被保険者期間 （48月）	被保険者期間 （241月）	
	（2003年３月以前の 平均標準報酬月額25万円）	（2003年４月以後の 平均標準報酬額38万円）	

（２）妻Ｂさん（1977年11月22日生まれ・パート従業員）

　　　・公的年金加入歴：20歳から22歳までの大学生であった期間（29月）は国民
　　　　　　　　　　　　年金の第１号被保険者として保険料を納付し、22歳から
　　　　　　　　　　　　Ａさんと結婚するまでの10年間（120月）は厚生年金保
　　　　　　　　　　　　険に加入。結婚後は、国民年金に第３号被保険者として
　　　　　　　　　　　　加入している。

　　　・全国健康保険協会管掌健康保険の被扶養者である。

（３）長男Ｃさん（2011年６月６日生まれ）

（４）長女Ｄさん（2013年６月21日生まれ）

※妻Ｂさん、長男Ｃさんおよび長女Ｄさんは、現在および将来においても、Ａさんと同居し、Ａさんと生計維持関係にあるものとする。

※妻Ｂさん、長男Ｃさんおよび長女Ｄさんは、現在および将来においても、公的年金制度における障害等級に該当する障害の状態にないものとする。

※上記以外の条件は考慮せず、各問に従うこと。

Mさんは、Aさんに対して、公的年金制度の遺族給付および遺族年金生活者支援給付金について説明した。Mさんが説明した以下の文章の空欄①～④に入る最も適切な語句または数値を、下記の〈語句群〉のなかから選び、その記号を解答用紙に記入しなさい。なお、問題の性質上、明らかにできない部分は「□□□」で示してある。

Ⅰ「Aさんが現時点（2023年5月28日）において死亡した場合、妻Bさんは遺族基礎年金および遺族厚生年金を受給することができます。遺族基礎年金を受給することができる遺族の範囲は、国民年金の被保険者等の死亡の当時その者によって生計を維持されていた『子のある配偶者』または『子』です。『子』とは、18歳到達年度の末日までの間にあるか、20歳未満で障害等級（　①　）に該当する障害の状態にあり、かつ、現に婚姻していない子を指します。子のある配偶者の遺族基礎年金の年金額（2022年度価額）は、『777,800円＋子の加算額』の算式により算出され、子の加算額は、第1子・第2子までは1人につき□□□円、第3子以降は1人につき□□□円となります。仮に、Aさんが現時点（2023年5月28日）で死亡した場合、妻Bさんが受給することができる遺族基礎年金の年金額は、（　②　）円（2022年度価額）となります。また、妻Bさんは遺族年金生活者支援給付金も受給することができます。その年額は（　③　）円（2022年度価額）となります」

Ⅱ「Aさんが厚生年金保険の被保険者期間中に死亡した場合、遺族厚生年金の年金額は、原則として、Aさんの厚生年金保険の被保険者記録を基礎として計算した老齢厚生年金の報酬比例部分の額の（　④　）相当額になります。ただし、その計算の基礎となる被保険者期間の月数が300月に満たないときは、300月とみなして年金額が計算されます」

〈語句群〉

イ．1級、2級または3級		ロ．1級または2級		ハ．3級
ニ．48,240	ホ．60,240	ヘ．72,240	ト．927,000	チ．1,076,200
リ．1,225,400	ヌ．3分の2	ル．4分の3	ヲ．5分の4	

問 2

　　Mさんは、Aさんが現時点（2023年5月28日）で死亡した場合に妻Bさんが受給することができる遺族厚生年金の年金額（2022年度価額）を試算した。妻Bさんが受給することができる遺族厚生年金の年金額を求める下記の＜計算式＞の空欄①〜③に入る最も適切な数値を、解答用紙に記入しなさい。計算にあたっては、《設例》の＜Aさんとその家族に関する資料＞に基づくこととし、年金額の端数処理は円未満を四捨五入すること。なお、問題の性質上、明らかにできない部分は「□□□」で示してある。

＜計算式＞

遺族厚生年金の年金額

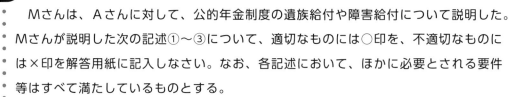

$$\left(（\ ①\ ）円 \times \frac{7.125}{1,000} \times □□□月 + □□□円 \times \frac{5.481}{1,000} \times □□□月\right)$$

$$\times \frac{300月}{（\ ②\ ）月} \times □□□ = （\ ③\ ）円（円未満四捨五入）$$

問 3

　　Mさんは、Aさんに対して、公的年金制度の遺族給付や障害給付について説明した。Mさんが説明した次の記述①〜③について、適切なものには○印を、不適切なものには×印を解答用紙に記入しなさい。なお、各記述において、ほかに必要とされる要件等はすべて満たしているものとする。

①「仮に、Aさんが現時点（2023年5月28日）において死亡した後、長女Dさんの18歳到達年度の末日が終了し、妻Bさんの有する遺族基礎年金の受給権が消滅した場合、妻Bさんが65歳に達するまでの間、寡婦年金が支給されます」

②「仮に、Aさんが障害を負い、その障害の程度が公的年金制度における障害等級1級と認定されて障害基礎年金を受給することになった場合、その障害基礎年金の年金額（2022年度価額）は、『777,800円×1.5＋子の加算額』の算式により算出されます」

③「仮に、Aさんが障害を負い、その障害の程度が公的年金制度における障害等級3級と認定されて障害厚生年金を受給することになった場合、その障害厚生年金の年金額に配偶者の加給年金額は加算されません」

次の設例に基づいて、下記の各問（《問4》～《問6》）に答えなさい。

＜設 例＞

　会社員のAさん（45歳）は、妻Bさん（43歳）および長女Cさん（18歳）との3人家族である。Aさんは、高校で資産形成の授業を受けた長女Cさんが株式投資に興味を持ち始めたことを知り、長女Cさんと一緒に株式投資の方法について理解したいと考えている。

　そこで、Aさんは、長女Cさんと一緒に、ファイナンシャル・プランナーのMさんに相談することにした。Mさんは、Aさんと長女Cさんに対して、同業種のX社株式およびY社株式（東京証券取引所上場銘柄）を例として、株式投資の方法等について説明を行うことにした。

＜X社およびY社の財務データ＞　　　　　　　　　　　　　　（単位：百万円）

	X社	Y社
資 産 の 部 合 計	195,000	73,000
負 債 の 部 合 計	60,000	30,000
純 資 産 の 部 合 計	135,000	43,000
売 上 高	130,000	108,000
営 業 利 益	17,500	13,000
経 常 利 益	16,500	14,000
当 期 純 利 益	12,000	11,000
配 当 金 総 額	3,000	3,200

※純資産の金額と自己資本の金額は同じである。

＜X社株式およびY社株式の情報＞

　X社：株価1,300円、発行済株式数1億株、1株当たり年間配当金30円

　Y社：株価1,200円、発行済株式数8,000万株、1株当たり年間配当金40円

※X社およびY社の決算期はともに2023年6月30日（金）であり、同日が次回の配当の権利確定日に該当する。

※上記以外の条件は考慮せず、各問に従うこと。

問 4

　　Mさんは、Aさんと長女Cさんに対して、株式取引のルール等について説明した。Mさんが説明した次の記述①〜③について、適切なものには○印を、不適切なものには×印を解答用紙に記入しなさい。

　①「国内株式市場における代表的な株価指標である日経平均株価は、東京証券取引所のスタンダード市場に上場している銘柄のうち、代表的な225銘柄を対象とした修正平均型の株価指標です」

　②「上場株式の注文方法のうち、指値注文では、高い値段の買い注文が低い値段の買い注文に優先して売買が成立し、同じ値段の買い注文については、寄付や引けなどを除き、先に出された注文が後に出された注文に優先して売買が成立します」

　③「X社株式の次回の配当を受け取るためには、普通取引の場合、権利確定日の2営業日前である2023年6月28日（水）までに買付けを行い、権利確定日に株主として株主名簿に記載される必要があります」

問 5

　　《設例》のデータに基づいて算出される次の①、②を求め、解答用紙に記入しなさい（計算過程の記載は不要）。〈答〉は表示単位の小数点以下第3位を四捨五入し、小数点以下第2位までを解答すること。
　①X社株式のPER
　②Y社株式のPBR

問 6

　　Mさんは、Aさんと長女Cさんに対して、《設例》のデータに基づいて、株式の投資指標等について説明した。Mさんが説明した次の記述①〜③について、適切なものには○印を、不適切なものには×印を解答用紙に記入しなさい。

　①「一般に、ROEの数値が高いほうが経営の効率性が高いと判断されます。ROEは、Y社のほうがX社よりも高くなっています」

　②「株主への利益還元の大きさに着目した指標として、配当性向があります。配当性向は、X社のほうがY社よりも高くなっています」

　③「株式投資において、PERやPBR等が低い銘柄など、企業の業績や財務内容等からみて株価が割安と判断される銘柄に投資する手法は、一般に、グロース投資と呼ばれます」

次の設例に基づいて、下記の各問（《問7》～《問9》）に答えなさい。

― ＜設 例＞ ―

　Aさん（47歳）は、20年前から地元の商店街で妻Bさん（48歳）と小売店を営んでおり、2年前に父が亡くなってからは、母Cさん（73歳）と3人で暮らしている。なお、Aさんは、開業後直ちに青色申告承認申請書と青色事業専従者給与に関する届出書を所轄税務署長に対して提出している青色申告者である。また、下記の＜Aさんの2022年分の収入等に関する資料＞において、不動産所得の金額の前の「▲」は赤字であることを表している。

＜Aさんとその家族に関する資料＞

　Aさん（47歳）　　：個人事業主（青色申告者）

　妻Bさん（48歳）：Aさんが営む事業に専ら従事している。青色事業専従者として、2022年中に100万円の給与を受け取っている。

　母Cさん（73歳）：2022年中の収入は、公的年金の老齢給付のみであり、その収入金額は70万円である。

＜Aさんの2022年分の収入等に関する資料＞

（1）事業所得の金額　　　　　　　　　　：500万円（青色申告特別控除後）

（2）不動産所得の金額　　　　　　　　　：▲40万円

　　　※損失の金額40万円のうち、当該不動産所得を生ずべき土地の取得に係る負債の利子20万円を含む。

（3）一時払変額個人年金保険（10年確定年金）の解約返戻金

　　　契約年月　　　　　　　　　　　　　：2014年10月

　　　契約者（＝保険料負担者）・被保険者：Aさん

　　　死亡保険金受取人　　　　　　　　　：妻Bさん

　　　解約返戻金額　　　　　　　　　　　：560万円

　　　正味払込保険料　　　　　　　　　　：500万円

※妻Bさんおよび母Cさんは、Aさんと同居し、生計を一にしている。

※Aさんとその家族は、いずれも障害者および特別障害者には該当しない。

※Aさんとその家族の年齢は、いずれも2022年12月31日現在のものである。

※上記以外の条件は考慮せず、各問に従うこと。

問 7

　所得税における青色申告制度に関する以下の文章の空欄①〜③に入る最も適切な数値を、下記の〈数値群〉のなかから選び、その記号を解答用紙に記入しなさい。

Ⅰ「事業所得の金額の計算上、青色申告特別控除として最高（　①　）万円を控除することができます。（　①　）万円の青色申告特別控除の適用を受けるためには、事業所得に係る取引を正規の簿記の原則に従い記帳し、その記帳に基づいて作成した貸借対照表、損益計算書その他の計算明細書を添付した確定申告書を法定申告期限内に提出することに加えて、e-Taxによる申告（電子申告）または電子帳簿保存を行う必要があります。なお、確定申告書を法定申告期限後に提出した場合、青色申告特別控除額は最高（　②　）万円となります」

Ⅱ「青色申告者が受けられる税務上の特典として、青色申告特別控除のほかに、青色事業専従者給与の必要経費算入、純損失の（　③　）年間の繰越控除、純損失の繰戻還付、棚卸資産の評価について低価法を選択できることなどが挙げられます」

〈数値群〉

イ. 3　　　　ロ. 5　　　　ハ. 7　　　　ニ. 10　　　　ホ. 38

ヘ. 48　　　ト. 55　　　チ. 65

問 8

　Aさんの2022年分の所得税の課税に関する次の記述①〜③について、適切なものには○印を、不適切なものには×印を解答用紙に記入しなさい。

①「不動産所得の金額の計算上生じた損失の金額のうち、土地の取得に係る負債の利子20万円に相当する部分の金額は、他の所得の金額と損益通算することはできません」

②「妻Bさんの合計所得金額は48万円以下であるため、Aさんは配偶者控除の適用を受けることができます」

③「母Cさんは75歳未満であるため、老人扶養親族には該当せず、一般の控除対象扶養親族に該当します。母Cさんに係る扶養控除の控除額は、38万円です」

Aさんの2022年分の所得税の算出税額を計算した下記の表の空欄①～③に入る最も適切な数値を求めなさい。なお、問題の性質上、明らかにできない部分は「□□□」で示してある。

（a） 総所得金額	（ ① ） 円
社会保険料控除	□□□円
生命保険料控除	□□□円
地震保険料控除	□□□円
扶養控除	□□□円
基礎控除	（ ② ） 円
（b） 所得控除の額の合計額	□□□円
（c） 課税総所得金額（（a）－（b））	2,700,000円
（d） 算出税額（（c）に対する所得税額）	（ ③ ） 円

<資料>所得税の速算表

課税総所得金額		税率	控除額
万円超	万円以下		
	～　　195	5 %	―
195	～　　330	10%	9万7,500円
330	～　　695	20%	42万7,500円
695	～　　900	23%	63万6,000円
900	～　1,800	33%	153万6,000円
1,800	～　4,000	40%	279万6,000円
4,000	～	45%	479万6,000円

≪設　例≫

　個人事業主のAさん（50歳）は、2年前に父の相続により甲土地（600㎡）を取得している。甲土地は、父の代から月極駐車場として賃貸しているが、収益性は高くない。

　Aさんが甲土地の活用方法について検討していたところ、ハウスメーカーのX社から「甲土地は、最寄駅から徒歩3分の好立地にあり、相応の需要が見込めるため、賃貸マンションの建築を検討してみませんか。Aさんが建築したマンションを弊社に一括賃貸（普通借家契約・マスターリース契約（特定賃貸借契約））していただければ、弊社が入居者の募集・建物管理等を行ったうえで、賃料を保証させていただきます」と提案を受けた。

　Aさんは、自ら賃貸マンションを経営することも考慮したうえで、X社の提案について検討したいと考えている。

<甲土地の概要>

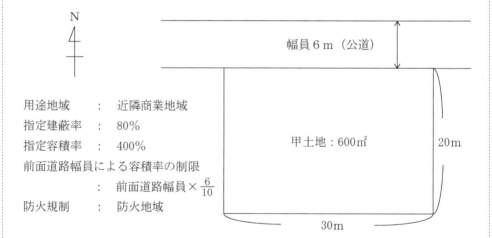

用途地域　　　　：　近隣商業地域
指定建蔽率　　　：　80％
指定容積率　　　：　400％
前面道路幅員による容積率の制限
　　　　　　　　：　前面道路幅員×$\frac{6}{10}$
防火規制　　　　：　防火地域

・指定建蔽率および指定容積率とは、それぞれ都市計画において定められた数値である。

・特定行政庁が都道府県都市計画審議会の議を経て指定する区域ではない。

※上記以外の条件は考慮せず、各問に従うこと。

問 10

甲土地上に耐火建築物を建築する場合における次の①、②を求め、解答用紙に記入しなさい（計算過程の記載は不要）。

①建蔽率の上限となる建築面積

②容積率の上限となる延べ面積

問 11

Aさんが、甲土地上に賃貸マンションを建築する場合の留意点等に関する次の記述①～③について、適切なものには○印を、不適切なものには×印を解答用紙に記入しなさい。

① 「Aさんが、所有するマンションについて自ら建物の管理や入居者の募集、入居者との賃貸借契約を行う場合には、あらかじめ宅地建物取引業の免許を取得する必要がありますが、マスターリース契約（特定賃貸借契約）に基づき、X社に建物を一括賃貸する場合は、宅地建物取引業の免許は不要です」

② 「AさんがX社と普通借家契約としてマスターリース契約（特定賃貸借契約）を締結し、当該契約において賃料が保証される場合であっても、X社から経済事情の変動等を理由として契約期間中に賃料の減額請求を受ける可能性があります」

③ 「不動産の収益性を測る指標の１つであるNOI利回り（純利回り）は、不動産投資によって得られる賃料等の年間総収入額を総投資額で除して算出されます。この指標では、簡便に不動産の収益性を把握することができますが、不動産投資に伴う諸経費は考慮されていないため、あくまで目安として利用するようにしてください」

問 12

Aさんが、甲土地上に賃貸マンションを建築する場合の課税に関する次の記述①～③について、適切なものには○印を、不適切なものには×印を解答用紙に記入しなさい。

①「Aさんが甲土地に賃貸マンションを建築し、不動産取得税および登録免許税を支払った場合、不動産所得の金額の計算上、いずれも必要経費に算入することができます」

②「Aさんが甲土地に賃貸マンションを建築した場合、相続税額の計算上、甲土地は貸家建付地として評価されます。甲土地の貸家建付地としての価額は、当該マンションの賃貸割合が高いほど、高く評価されます」

③「Aさんが甲土地に賃貸マンションを建築した場合、甲土地に係る固定資産税の課税標準を、住宅1戸につき200㎡までの部分（小規模住宅用地）について課税標準となるべき価格の6分の1の額とする特例の適用を受けることができます」

≪設 例≫

非上場企業であるＸ株式会社（以下、「Ｘ社」という）の代表取締役社長であったＡさんは、2023年4月26日（水）に病気により75歳で死亡した。Ａさんは、自宅に自筆証書遺言を残しており、相続人等は自筆証書遺言の内容に従い、Ａさんの財産を下記のとおり取得する予定である。なお、妻Ｂさんは、死亡保険金および死亡退職金を受け取っている。また、長女Ｄさんは、Ａさんの相続開始前に死亡している。

＜Ａさんの親族関係図＞

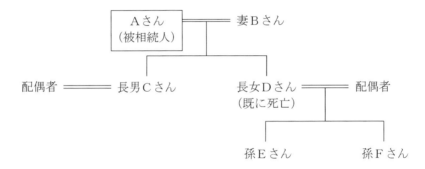

＜各人が取得する予定の相続財産（みなし相続財産を含む）＞

①妻Ｂさん（76歳）

現金および預貯金 …… 2,500万円

自宅（敷地300㎡）…… 7,500万円（「小規模宅地等についての相続税の課税価格の計算の特例」適用前の金額）

自宅（建物）　　…… 1,500万円（固定資産税評価額）

死亡保険金　　　…… 1,500万円（受取額。契約者（＝保険料負担者）・被保険者はＡさん、死亡保険金受取人は妻Ｂさん）

死亡退職金　　　…… 3,000万円（受取額）

②長男Ｃさん（51歳）

現金および預貯金 …… 5,000万円

Ｘ社株式　　　　…… 　1億円（相続税評価額）

③孫Eさん（25歳）

　現金および預貯金 …… 2,000万円

④孫Fさん（23歳）

　現金および預貯金 …… 2,000万円

※上記以外の条件は考慮せず、各問に従うこと。

問 13

Aさんの相続等に関する次の記述①〜③について、適切なものには○印を、不適切なものには×印を解答用紙に記入しなさい。

①「妻Bさんや長男Cさんが、Aさんの相続について単純承認する場合、原則として、相続の開始があったことを知った時から3ヵ月以内に、家庭裁判所にその旨を申述しなければなりません」

②「Aさんの2023年分の所得税について確定申告書を提出しなければならない場合に該当するとき、相続人は、原則として、相続の開始があったことを知った日の翌日から4ヵ月以内に準確定申告書を提出しなければなりません」

③「妻Bさんが受け取った死亡退職金は、みなし相続財産として相続税の課税対象となります。妻Bさんが受け取った死亡退職金3,000万円のうち、相続税の課税価格に算入される金額は1,500万円となります」

　Aさんの相続に係る相続税の総額を試算した下記の表の空欄①～③に入る最も適切な数値を求めなさい。なお、課税遺産総額（相続税の課税価格の合計額－遺産に係る基礎控除額）は2億円とし、問題の性質上、明らかにできない部分は「□□□」で示してある。

（a）相続税の課税価格の合計額		□□□万円
	（b）遺産に係る基礎控除額	（　①　）万円
課税遺産総額（（a）－（b））		2億円
	相続税の総額の基となる税額	
	妻Bさん	□□□万円
	長男Cさん	□□□万円
	孫Eさん	□□□万円
	孫Fさん	（　②　）万円
（c）相続税の総額		（　③　）万円

＜資料＞相続税の速算表（一部抜粋）

法定相続分に応ずる取得金額		税率	控除額
万円超	万円以下		
〜	1,000	10%	―
1,000 〜	3,000	15%	50万円
3,000 〜	5,000	20%	200万円
5,000 〜	10,000	30%	700万円
10,000 〜	20,000	40%	1,700万円
20,000 〜	30,000	45%	2,700万円

Ａさんの相続等に関する以下の文章の空欄①～③に入る最も適切な語句を、下記の〈語句群〉のなかから選び、その記号を解答用紙に記入しなさい。

Ⅰ「妻Ｂさんが『配偶者に対する相続税額の軽減』の適用を受ける場合、原則として、妻Ｂさんが相続により取得した財産の金額が、配偶者の法定相続分相当額と１億6,000万円のいずれか（　①　）金額を超えない限り、妻Ｂさんが納付すべき相続税額は算出されません」

Ⅱ「孫Ｅさんおよび孫Ｆさんは、相続税額の２割加算の対象に（　②　）」

Ⅲ「Ａさんに係る相続税の申告書の提出期限は、原則として、2024年（　③　）になります。申告書の提出先は、Ａさんの死亡時の住所地を所轄する税務署長です」

〈語句群〉

イ．多い　　　　ロ．少ない　　　　ハ．なります　　　　ニ．なりません
ホ．２月26日（月）　　　ヘ．３月15日（金）　　　ト．４月26日（金）

問題編

2023年1月試験（個人資産相談業務）

実施日 ◆ 2023年1月22日（日）
試験時間 ◆ 13：30〜15：00（90分）

解答にあたっての注意

1. 試験問題については、特に指示のない限り、2022年10月1日現在施行の法令等に基づいて解答してください。なお、東日本大震災の被災者等に対する各種特例等については考慮しないものとします。
2. 問題は、【第1問】から【第5問】まであります。
3. 各問の問題番号は、通し番号になっており、《問1》から《問15》までとなっています。
4. 解答にあたっては、各設例および各問に記載された条件・指示に従うものとし、それ以外については考慮しないものとします。
5. 解答は、解答用紙に記入してください。その際、漢字は楷書で、数字は算用数字で明瞭に記入してください。また、記号は判別できるよう明瞭に記入してください。

次の設例に基づいて、下記の各問（《問1》～《問3》）に答えなさい。

≪設 例≫

Aさん（42歳）は、X株式会社を2018年12月末日に退職後、個人事業主として独立した。独立して4年が経過した現在、収入は安定している。

Aさんは、最近、公的年金制度について理解したうえで、老後の収入を増やすことのできる各種制度を利用したいと考えている。そこで、Aさんは、懇意にしているファイナンシャル・プランナーのMさんに相談することにした。

＜Aさんとその家族に関する資料＞

（1）Aさん（42歳、個人事業主）

・1980年12月12日生まれ

・公的年金加入歴：下図のとおり（60歳までの見込みを含む）

20歳	22歳	38歳	60歳
学生納付特例期間（28月）	厚生年金保険被保険者期間（189月）平均標準報酬額：28万円	国民年金保険料納付済期間（263月）	
	2003年4月	2019年1月	

（2）妻Bさん（42歳、会社員）

・1980年8月8日生まれ

・公的年金加入歴：20歳から22歳の大学生であった期間（32月）は国民年金の第1号被保険者として保険料を納付し、22歳から現在に至るまでの期間は厚生年金保険に加入している。また、60歳になるまでの間、厚生年金保険の被保険者として勤務する見込みである。

（3）長女Cさん（17歳、高校生）

・2005年9月10日生まれ

※妻Bさんは、現在および将来においても、Aさんと同居し、Aさんと生計維持関係にあるものとする。

※家族全員、現在および将来においても、公的年金制度における障害等級に該当する障害の状態にないものとする。

※上記以外の条件は考慮せず、各問に従うこと。

　　Aさんが、原則として65歳から受給することができる老齢基礎年金および老齢厚生年金の年金額（2022年度価額）を計算した次の＜計算の手順＞の空欄①～④に入る最も適切な数値を解答用紙に記入しなさい。なお、計算にあたっては、《設例》の＜Aさんとその家族に関する資料＞および下記の＜資料＞に基づくこと。また、問題の性質上、明らかにできない部分は「□□□」で示してある。

＜計算の手順＞

1．老齢基礎年金の年金額（円未満四捨五入）　　　（　①　）円

2．老齢厚生年金の年金額

（1）報酬比例部分の額（円未満四捨五入）　　　（　②　）円

（2）経過的加算額（円未満四捨五入）　　　　　（　③　）円

（3）基本年金額（上記「（1）＋（2）」の額）　　　□□□円

（4）加給年金額（要件を満たしている場合のみ加算すること）

（5）老齢厚生年金の年金額　　　　　　　　　　（　④　）円

＜資料＞

○老齢基礎年金の計算式（4分の1免除月数、4分の3免除月数は省略）

$$777{,}800円 \times \frac{\text{保険料納付済月数} + \text{保険料半額免除月数} \times \frac{\square}{\square} + \text{保険料全額免除月数} \times \frac{\square}{\square}}{480}$$

○老齢厚生年金の計算式（本来水準の額）

ⅰ）報酬比例部分の額（円未満四捨五入）＝ⓐ＋ⓑ

　ⓐ2003年3月以前の期間分

　　平均標準報酬月額 $\times \dfrac{7.125}{1{,}000} \times$ 2003年3月以前の被保険者期間の月数

　ⓑ2003年4月以後の期間分

　　平均標準報酬額 $\times \dfrac{5.481}{1{,}000} \times$ 2003年4月以後の被保険者期間の月数

ⅱ）経過的加算額（円未満四捨五入）＝1,621円×被保険者期間の月数

　　　　　$-777{,}800円 \times \dfrac{\text{1961年4月以後で20歳以上60歳未満の厚生年金保険の被保険者期間の月数}}{480}$

ⅲ）加給年金額＝388,900円（要件を満たしている場合のみ加算すること）

Mさんは、Aさんに対して、公的年金制度等の各種取扱いについて説明した。Mさんが説明した次の記述①〜③について、適切なものには○印を、不適切なものには×印を解答用紙に記入しなさい。

① 「Aさんが希望すれば、66歳以後、老齢基礎年金および老齢厚生年金の繰下げ支給の申出をすることができます。仮に、Aさんが75歳で老齢基礎年金の繰下げ支給の申出をした場合、当該年金額の増額率は84%となります」

② 「Aさんは、確定拠出年金の個人型年金に加入することができます。ただし、確定拠出年金の個人型年金に加入した場合、小規模企業共済制度に加入することができなくなりますのでご注意ください」

③ 「2022年4月1日から、成年年齢が20歳から18歳に引き下げられました。長女Cさんは、原則として、18歳に達した日に国民年金の被保険者資格を取得することになります」

Mさんは、Aさんに対して、国民年金の付加保険料および国民年金基金について説明した。Mさんが説明した以下の文章の空欄①～③に入る最も適切な語句または数値を、下記の〈語句群〉のなかから選び、その記号を解答用紙に記入しなさい。なお、問題の性質上、明らかにできない部分は「□□□」で示してある。

Ⅰ「Aさんは、所定の手続により、国民年金の付加保険料を納付することができます。仮に、Aさんが付加保険料を200月納付し、65歳から老齢基礎年金を受け取る場合、老齢基礎年金の額に付加年金として年額（ ① ）円が上乗せされます」

Ⅱ「国民年金基金は、老齢基礎年金に上乗せする年金を支給する任意加入の年金制度です。加入は口数制となっており、1口目は、保証期間のある（ ② ）年金A型と保証期間のない（ ② ）年金B型のいずれかを選択します。2口目以降は、2種類の（ ② ）年金と5種類の□□□年金のなかから選択することができます。なお、支払った掛金は、その全額を所得税の（ ③ ）として総所得金額等から控除することができます」

〈語句群〉

イ. 20,000　　ロ. 40,000　　ハ. 60,000　　ニ. 80,000

ホ. 有期　　ヘ. 確定　　ト. 終身

チ. 生命保険料控除　　リ. 社会保険料控除　　ヌ. 小規模企業共済等掛金控除

次の設例に基づいて、下記の各問（《問4》～《問6》）に答えなさい。

─────────────────── ≪設　例≫ ───────────────────

　個人で不動産賃貸業を営むAさん（60歳）は、X社債（特定公社債）の購入を検討している。また、Y銀行の米ドル建定期預金の金利の高さに魅力を感じているが、外貨建て取引のリスク等について理解しておきたいと考えている。

　そこで、Aさんは、ファイナンシャル・プランナーのMさんに相談することにした。

＜円建てのX社債（固定利付債）に関する資料＞

- ・発行会社　　：　国内の大手企業
- ・購入価格　　：　101.8円（額面100円当たり）
- ・表面利率　　：　0.80％
- ・利払日　　　：　年2回
- ・残存期間　　：　4年
- ・償還価格　　：　100円
- ・格付　　　　：　BBB

＜Y銀行の米ドル建定期預金に関する資料＞

- ・預入金額　　　　：　30,000米ドル
- ・預入期間　　　　：　1年
- ・利率（年率）　　：　1.00％（満期時一括支払）
- ・為替予約なし
- ・預入時の適用為替レート（TTS・米ドル／円）：　132.75円

※上記以外の条件は考慮せず、各問に従うこと。

Mさんは、Aさんに対して、X社債について説明した。Mさんが説明した次の記述①〜③について、適切なものには○印を、不適切なものには×印を解答用紙に記入しなさい。

① 「一般に、BBB（トリプルビー）格相当以下の格付は、投機的格付と呼ばれています。X社債は、投資適格債に比べて信用力は劣りますが、相対的に高い利回りを期待することができます」

② 「毎年受け取る利子額（税引前）は、X社債の購入価格に表面利率を乗じて得た金額となります。X社債の表面利率は、発行時の金利水準を反映して決定されたものであり、償還時まで変わることはありません」

③ 「X社債の利子は、その支払時に、所得税および復興特別所得税と住民税の合計で20.315％相当額が源泉徴収等されます。X社債のような特定公社債の利子については、申告分離課税の対象となりますが、確定申告不要制度を選択することができます」

Mさんは、Aさんに対して、Y銀行の米ドル建定期預金について説明した。Mさんが説明した次の記述①〜③について、適切なものには○印を、不適切なものには×印を解答用紙に記入しなさい。

① 「米ドル建定期預金の預入時において、円貨を米ドルに換える際に適用されるTTSは、当該預金の取扱金融機関が独自に決定しており、Y銀行と他の金融機関では異なることがあります」

② 「米ドル建定期預金の魅力は、現時点において、円建ての預金と比べて相対的に金利が高いことにあります。ただし、満期時の為替レートが預入時に比べて円高ドル安に変動した場合、円換算の運用利回りがマイナスになる可能性があります」

③ 「満期時に為替差損が生じた場合、当該損失の金額は、所得税において、不動産所得の金額と損益通算することができます」

　次の①、②を求め、解答用紙に記入しなさい（計算過程の記載は不要）。なお、計算にあたっては税金等を考慮せず、〈答〉は、％表示の小数点以下第3位を四捨五入し、小数点以下第2位までを解答すること。

①Aさんが X 社債を《設例》の条件で購入した場合の最終利回り（年率・単利）を求めなさい。

②Aさんが《設例》の条件で円貨を米ドルに換えて米ドル建定期預金に30,000米ドルを預け入れ、満期を迎えた際の円ベースでの運用利回り（年率・単利）を求めなさい。なお、満期時の適用為替レート（TTB・米ドル／円）は、133.00円とする。

次の設例に基づいて、下記の各問（《問7》～《問9》）に答えなさい。

---------------- ＜設　例＞ ----------------

　会社員のＡさんは、妻Ｂさん、長男Ｃさんおよび二男Ｄさんとの４人家族である。Ａさんは、2022年中に長男Ｃさんの入院・手術費用として支払った医療費について、医療費控除の適用を受けたいと考えている。なお、不動産所得の金額の前の「▲」は赤字であることを表している。

＜Ａさんとその家族に関する資料＞

　Ａさん　　　（48歳）：　　会社員

　妻Ｂさん　　（45歳）：　　会社員。2022年中に給与収入300万円を得ている。

　長男Ｃさん（20歳）：　　大学生。2022年中の収入はない。

　二男Ｄさん（14歳）：　　中学生。2022年中の収入はない。

＜Ａさんの2022年分の収入等に関する資料＞

　（１）給与収入の金額　　：　　900万円

　（２）不動産所得の金額　：　　▲80万円（白色申告）

　　　　※損失の金額80万円のうち、当該不動産所得を生ずべき土地の取得に係る負債の利子20万円を含む。

※妻Ｂさん、長男Ｃさんおよび二男Ｄさんは、Ａさんと同居し、生計を一にしている。

※Ａさんとその家族は、いずれも障害者および特別障害者には該当しない。

※Ａさんとその家族の年齢は、いずれも2022年12月31日現在のものである。

※上記以外の条件は考慮せず、各問に従うこと。

　所得税における医療費控除に関する以下の文章の空欄①～④に入る最も適切な数値を、下記の〈数値群〉のなかから選び、その記号を解答用紙に記入しなさい。

「通常の医療費控除は、その年分の総所得金額等の合計額が200万円以上である場合、その年中に自己または自己と生計を一にする配偶者等のために支払った医療費の総額から保険金などで補填される金額を控除した金額が（　①　）円を超えるときは、その超える部分の金額（最高（　②　）円）を総所得金額等から控除することができます。

　また、通常の医療費控除との選択適用となるセルフメディケーション税制（医療費控除の特例）は、定期健康診断や予防接種などの一定の取組みを行っている者が自己または自己と生計を一にする配偶者等のために特定一般用医薬品等購入費を支払った場合、その年中に支払った特定一般用医薬品等購入費の総額から保険金などで補填される金額を控除した金額が（　③　）円を超えるときは、その超える部分の金額（最高（　④　）円）を総所得金額等から控除することができます」

＜通常の医療費控除額の算式＞

$$\left\{ \begin{array}{c} \text{その年中に} \\ \text{支払った医} \\ \text{療費の総額} \end{array} - \begin{array}{c} \text{保険金など} \\ \text{で補填され} \\ \text{る金額} \end{array} \right\} - (\ ①\ ) 円 = \begin{array}{c} \text{医療費控除額} \\ (最高（\ ②\ ）円) \end{array}$$

＜セルフメディケーション税制に係る医療費控除額の算式＞

$$\left\{ \begin{array}{c} \text{その年中に} \\ \text{支払った特} \\ \text{定一般用医} \\ \text{薬品等購入} \\ \text{費の総額} \end{array} - \begin{array}{c} \text{保険金など} \\ \text{で補填され} \\ \text{る金額} \end{array} \right\} - (\ ③\ ) 円 = \begin{array}{c} \text{セルフメディケー} \\ \text{ション税制に係る} \\ \text{医療費控除額} \\ (最高（\ ④\ ）円) \end{array}$$

〈語句群〉

イ．12,000	ロ．24,000	ハ．38,000	ニ．68,000	ホ．88,000
ヘ．100,000	ト．120,000	チ．150,000	リ．180,000	
ヌ．1,000,000	ル．2,000,000	ヲ．3,000,000		

Aさんの2022年分の所得税の課税に関する次の記述①～③について、適切なものには○印を、不適切なものには×印を解答用紙に記入しなさい。

① 「Aさんは、配偶者控除の適用を受けることはできませんが、配偶者特別控除の適用を受けることができます」
② 「Aさんが適用を受けることができる扶養控除の控除額は、101万円です」
③ 「Aさんが医療費控除の適用を受けるためには、所得税の確定申告が必要です。年末調整では医療費控除の適用を受けることができません」

Aさんの2022年分の所得金額について、次の①、②を求め、解答用紙に記入しなさい（計算過程の記載は不要）。なお、①の計算上、Aさんが所得金額調整控除の適用対象者に該当している場合、所得金額調整控除額を控除すること。また、〈答〉は万円単位とすること。
①総所得金額に算入される給与所得の金額
②総所得金額

<資料>給与所得控除額

給与収入金額		給与所得控除額	
万円超	万円以下		
	～ 180	収入金額×40％ － 10万円	（55万円に満たない場合は、55万円）
180	～ 360	収入金額×30％ ＋ 8万円	
360	～ 660	収入金額×20％ ＋ 44万円	
660	～ 850	収入金額×10％ ＋110万円	
850	～	195万円	

≪設　例≫

　会社員のAさん（55歳）は、M市内（三大都市圏）に甲土地（500㎡）を所有している。甲土地は、月極駐車場として賃貸しているが、収益性は高くない。

　Aさんは、先日、トランクルーム事業者（サブリース業者）のX社から、「最近、個人や企業の物品を収納するトランクルームのニーズが増えています。Aさんがトランクルームとして利用する建物を甲土地に建築し、マスターリース契約に基づき、弊社に一括賃貸していただければ、弊社がトランクルームについて利用者の募集や管理等を行い、賃料も保証します」との提案を受けた。

　Aさんは、X社の提案について積極的に検討したいと思っている。

＜甲土地の概要＞

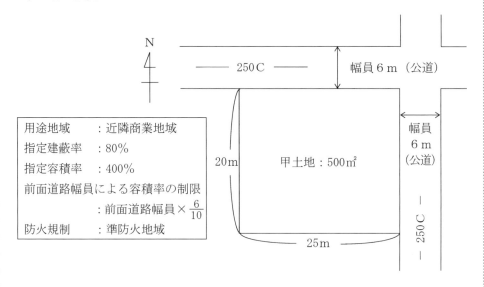

用途地域　　：近隣商業地域
指定建蔽率　：80%
指定容積率　：400%
前面道路幅員による容積率の制限
　　　　　　：前面道路幅員×$\frac{6}{10}$
防火規制　　：準防火地域

・甲土地は、普通商業・併用住宅地区に所在する。

・甲土地は、建蔽率の緩和について特定行政庁が指定する角地である。

・指定建蔽率および指定容積率とは、それぞれ都市計画において定められた数値である。

・特定行政庁が都道府県都市計画審議会の議を経て指定する区域ではない。

※上記以外の条件は考慮せず、各問に従うこと。

甲土地の相続税評価に関する次の記述①〜③について、適切なものには○印を、不適切なものには×印を解答用紙に記入しなさい。

① 「甲土地は、地積が500㎡以上であり、指定容積率が400%であるため、地積規模の大きな宅地の評価の規定が適用されます」

② 「対象地の面する道路に付された『250C』の数値は、1㎡当たりの価額を千円単位で表示した相続税路線価です。数値の後に表示されている『C』の記号（アルファベット）は、借地権割合が70%であることを示しています」

③ 「Aさんが、甲土地を青空駐車場として賃貸している場合、相続税額の計算上、甲土地は自用地として評価されます」

X社が提案するトランクルーム経営に関する次の記述①〜③について、適切なものには○印を、不適切なものには×印を解答用紙に記入しなさい。

① 「Aさんが、金融機関から融資を受けてトランクルームとして利用する建物を建築する場合、借入金の返済リスクを考慮する必要があります。DSCR（借入金償還余裕率）の値が1.0未満のときは、賃料収入だけでは借入金の返済ができないことを示しています」

② 「AさんがX社に賃貸した建物の一部が、X社の責めに帰することができない事由で滅失等し、使用および収益をすることができなくなった場合、民法上は、その使用および収益をすることができなくなった部分の割合に応じて賃料が減額されることとされています。X社と契約する際は、賃料が保証される期間やその条件等について事前に確認しておくことが重要です」

③ 「近年、サブリース業者に対する規制が強化されています。賃貸住宅の管理業務等の適正化に関する法律では、サブリース業者がマスターリース契約を締結しようとする際に誇大広告や不当な勧誘を行うことを禁止しており、当該契約に基づき、Aさんから建物を一括賃借するX社も当該規制の適用を受けます」

甲土地上に準耐火建築物を建築する場合における次の①、②を求め、解答用紙に記入しなさい（計算過程の記載は不要）。

①建蔽率の上限となる建築面積

②容積率の上限となる延べ面積

第 5 問 次の設例に基づいて、下記の各問（《問13》～《問15》）に答えなさい。

≪設　例≫

　非上場会社であるＸ株式会社（以下、「Ｘ社」という）の代表取締役社長であるＡさん（70歳）は、3年後をめどに、Ｘ社の専務取締役である長男Ｃさん（40歳）に事業を承継したいと考えている。Ａさんは、長男Ｃさんに、保有するＸ社株式のすべてを取得させるとともに、長男Ｃさん家族と同居している自宅建物（区分所有建物の登記なし）とその敷地を相続させようと考えているが、長男Ｃさんと長女Ｄさん（39歳）が遺産分割でもめてしまうのではないかと心配している。

　また、Ａさんは、長女Ｄさんから、「マンションの購入を検討しているので、資金を援助してほしい」と頼まれており、住宅取得資金の援助をしたいと考えている。

＜Ａさんの親族関係図＞

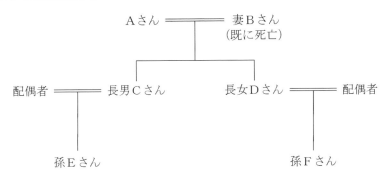

＜Ａさんの主な所有財産（相続税評価額）＞

現預金	:	1億円
Ｘ社株式	:	2億円
自宅敷地（400㎡）	:	8,000万円（注）
自宅建物	:	2,000万円
合計		4億円

（注）「小規模宅地等についての相続税の課税価格の計算の特例」適用前の金額

※上記以外の条件は考慮せず、各問に従うこと。

問 13

　　Aさんの相続に関する次の記述①～③について、適切なものには○印を、不適切なものには×印を解答用紙に記入しなさい。

① 「遺産分割をめぐる争いを防ぐ手段として、遺言書の作成をお勧めします。自筆証書遺言は、法務局における保管制度を利用することで、遺言書の紛失等を防ぐことができ、相続開始後、家庭裁判所における遺言書の検認が不要となります」

② 「Aさんの相続に係る遺留分を算定するための財産の価額を４億円とした場合、長女Dさんの遺留分の金額は、１億円となります。遺留分を侵害する内容の遺言は無効となるため、遺言書を作成する際はご注意ください」

③ 「長男Cさんが自宅の敷地および建物を相続により取得し、当該敷地（相続税評価額：8,000万円）について、特定居住用宅地等として『小規模宅地等についての相続税の課税価格の計算の特例』の適用を受けた場合、相続税の課税価格に算入すべき価額を1,600万円とすることができます」

問 14

　「直系尊属から住宅取得等資金の贈与を受けた場合の贈与税の非課税」（以下、「本特例」という）に関する次の記述①～③について、適切なものには○印を、不適切なものには×印を解答用紙に記入しなさい。

① 「長女Dさんが本特例の適用を受けるためには、贈与を受けた年の翌年３月15日までに所定の要件を満たす住宅用家屋を取得等してその家屋に居住するか、または同日後遅滞なくその家屋に居住することが確実であると見込まれることが必要です」

② 「長女Dさんが2023年２月に住宅取得等資金の贈与を受けた場合、本特例による非課税限度額は、一定の省エネ等住宅であれば1,500万円、それ以外の住宅であれば1,200万円です」

③ 「長女DさんがAさんから贈与を受けた住宅取得等資金について本特例の適用を受け、その後、Aさんの相続が開始した場合、本特例の適用を受けたことにより贈与税が非課税とされた金額は、相続税の課税価格に加算しなければなりません」

現時点（2023年1月22日）において、Aさんの相続が開始した場合における相続税の総額を試算した下記の表の空欄①〜③に入る最も適切な数値を求めなさい。なお、相続税の課税価格の合計額は3億5,000万円とし、問題の性質上、明らかにできない部分は「□□□」で示してある。

（a）相続税の課税価格の合計額		3億5,000万円
	（b）遺産に係る基礎控除額	（ ① ）万円
課税遺産総額（（a）－（b））		□□□万円
	相続税の総額の基となる税額	
	長男Cさん	（ ② ）万円
	長女Dさん	□□□万円
（c）相続税の総額		（ ③ ）万円

<資料>相続税の速算表（一部抜粋）

法定相続分に応ずる取得金額			税率	控除額
万円超		万円以下		
	〜	1,000	10%	－
1,000	〜	3,000	15%	50万円
3,000	〜	5,000	20%	200万円
5,000	〜	10,000	30%	700万円
10,000	〜	20,000	40%	1,700万円
20,000	〜	30,000	45%	2,700万円
30,000	〜	60,000	50%	4,200万円

問題編

2022年9月試験（個人資産相談業務）

実施日 ◆ 2022年9月11日（日）
試験時間 ◆ 13：30〜15：00（90分）

解答にあたっての注意

1. 試験問題については、特に指示のない限り、2022年4月1日現在施行の法令等に基づいて解答してください。なお、東日本大震災の被災者等に対する各種特例等については考慮しないものとします。
2. 問題は、【第1問】から【第5問】まであります。
3. 各問の問題番号は、通し番号になっており、《問1》から《問15》までとなっています。
4. 解答にあたっては、各設例および各問に記載された条件・指示に従うものとし、それ以外については考慮しないものとします。
5. 解答は、解答用紙に記入してください。その際、漢字は楷書で、数字は算用数字で明瞭に記入してください。また、記号は判別できるよう明瞭に記入してください。

次の設例に基づいて、下記の各問（《問１》～《問３》）に答えなさい。

≪設　例≫

　　会社員のＡさん（46歳）は、妻Ｂさん（44歳）、長女Ｃさん（16歳）、長男Ｄさん（14歳）および二男Ｅさん（12歳）との５人暮らしである。Ａさんは、住宅ローンの返済や教育資金の準備など、今後の資金計画を再検討したいと考えている。その前提として、自分が死亡した場合に公的年金制度から遺族給付がどのくらい支給されるのかを知りたいと思っている。また、自分の介護が必要になった場合の公的介護保険の保険給付等について確認したいことがある。そこで、Ａさんは、懇意にしているファイナンシャル・プランナーのＭさんに相談することにした。

　　Ａさんとその家族に関する資料は、以下のとおりである。

＜Ａさんとその家族に関する資料＞

（１）Ａさん（1976年３月22日生まれ・46歳・会社員）

　　・公的年金加入歴：下図のとおり（2022年８月までの期間）

　　・全国健康保険協会管掌健康保険、公的介護保険、雇用保険に加入中

20歳	22歳		46歳
国民年金	厚　生　年　金　保　険		
保険料納付済期間 （25月）	被保険者期間 （60月）	被保険者期間 （233月）	
	2003年３月以前の 平均標準報酬月額25万円	2003年４月以後の 平均標準報酬額37万円	

（２）妻Ｂさん（1977年10月20日生まれ・44歳・専業主婦）

　　・公的年金加入歴：20歳から22歳までの大学生であった期間（30月）は国民年金の第１号被保険者として保険料を納付し、22歳からＡさんと結婚するまでの５年間（60月）は厚生年金保険に加入。結婚後は、国民年金に第３号被保険者として加入している。

　　・全国健康保険協会管掌健康保険の被扶養者であり、公的介護保険に加入中

（３）長女Ｃさん（2006年５月10日生まれ・16歳）

（４）長男Ｄさん（2008年８月16日生まれ・14歳）

（５）二男Ｅさん（2010年６月18日生まれ・12歳）

※妻Ｂさん、長女Ｃさん、長男Ｄさんおよび二男Ｅさんは、現在および将来においても、Ａさんと同居し、Ａさんと生計維持関係にあるものとする。

※家族全員、現在および将来においても、公的年金制度における障害等級に該当する障害の状態にないものとする。

※上記以外の条件は考慮せず、各問に従うこと。

Mさんは、Aさんに対して、遺族基礎年金および遺族年金生活者支援給付金について説明した。Mさんが説明した以下の文章の空欄①～③に入る最も適切な語句または数値を、下記の〈語句群〉のなかから選び、その記号を解答用紙に記入しなさい。なお、問題の性質上、明らかにできない部分は「□□□」で示してある。

Ⅰ「遺族基礎年金を受給することができる遺族の範囲は、国民年金の被保険者等の死亡の当時その者によって生計を維持されていた『子のある配偶者』または『子』です。『子』とは、□□□歳到達年度の末日までの間にあるか、（　①　）未満で障害等級1級または2級に該当する障害の状態にあり、かつ、現に婚姻していない子を指します」

Ⅱ「子のある配偶者が受給する遺族基礎年金の額（2022年度価額）は、『（　②　）円＋子の加算』の計算式により算出され、子の加算は第1子・第2子までは1人につき□□□円、第3子以降は1人につき（　③　）円となります。したがって、仮に、Aさんが現時点（2022年9月11日）で死亡した場合、妻Bさんが受給することができる遺族基礎年金の額は、年額□□□円です。また、妻Bさんが遺族基礎年金を受給し、前年の所得が一定額以下である場合、妻Bさんは、遺族年金生活者支援給付金を受給することができ、その年額は60,240円（2022年度価額）となります」

┌─〈語句群〉
│ イ．20歳　　　ロ．25歳　　　ハ．30歳　　　ニ．74,600　　　ホ．223,800
│ ヘ．583,400　　ト．777,800　　チ．972,250
└

Mさんは、Aさんに対して、遺族厚生年金について説明した。Mさんが説明した以下の文章の空欄①〜③に入る最も適切な語句または数値を解答用紙に記入しなさい。なお、年金額は2022年度価額に基づいて計算し、年金額の端数処理は円未満を四捨五入すること。また、問題の性質上、明らかにできない部分は「□□□」で示してある。

Ⅰ 「Aさんが厚生年金保険の被保険者期間中に死亡した場合、遺族厚生年金の額は、原則として、Aさんの厚生年金保険の被保険者記録を基礎として計算した老齢厚生年金の報酬比例部分の額の（　①　）相当額になります。ただし、その計算の基礎となる被保険者期間の月数が□□□月に満たないときは、□□□月とみなして年金額が計算されます。仮に、Aさんが現時点（2022年9月11日）で死亡した場合、《設例》の＜Aさんとその家族に関する資料＞および下記＜資料＞の計算式により、妻Bさんが受給することができる遺族厚生年金の額は、年額（　②　）円となります」

Ⅱ 「二男Eさんが遺族基礎年金および遺族厚生年金に係る年齢要件を満たさなくなり、妻Bさんの有する遺族基礎年金の受給権が消滅したときは、妻Bさんが（　③　）歳に達するまでの間、妻Bさんに支給される遺族厚生年金に中高齢寡婦加算が加算されます」

＜資料＞

遺族厚生年金の年金額（本来水準の額）＝（ⓐ＋ⓑ）× $\dfrac{\text{□□□月}}{\text{□□□月}}$ × $\dfrac{\triangle}{\bigcirc}$

ⓐ2003年3月以前の期間分

平均標準報酬月額× $\dfrac{7.125}{1,000}$ ×2003年3月以前の被保険者期間の月数

ⓑ2003年4月以後の期間分

平均標準報酬額× $\dfrac{5.481}{1,000}$ ×2003年4月以後の被保険者期間の月数

※問題の性質上、明らかにできない部分は「□□□」「○」「△」で示してある。

Mさんは、Aさんに対して、公的介護保険（以下、「介護保険」という）の保険給付等について説明した。Mさんが説明した次の記述①～③について、適切なものには○印を、不適切なものには×印を解答用紙に記入しなさい。

① 「介護保険の保険給付を受けるためには、都道府県から、要介護認定または要支援認定を受ける必要があります。ただし、介護保険の第2号被保険者に該当するAさんは、要介護状態または要支援状態となった原因が、末期がんや脳血管疾患などの加齢に伴う特定疾病によって生じたものでなければ、保険給付は受けられません」

② 「仮に、Aさんが現時点（2022年9月11日）で介護保険の保険給付を受けた場合、原則として、実際にかかった費用（食費、居住費等を除く）の3割を自己負担する必要があります」

③ 「Aさんが65歳以後に、年額18万円以上の公的年金を受給している場合の介護保険の保険料の納付は、原則として、公的年金からの特別徴収の方法によります」

次の設例に基づいて、下記の各問（《問４》～《問６》）に答えなさい。

≪設　例≫

　会社員のＡさん（45歳）は、妻Ｂさん（43歳）および長男Ｃさん（18歳）との３人家族である。長男Ｃさんが2021年12月に18歳になり、2022年４月には成年年齢が18歳に引き下げられたことをきっかけに、Ａさんは、長男Ｃさんの金融リテラシーを高めるため、株式への投資を勧めてみた。長男Ｃさんの投資資金は、50万円を限度にＡさんが出す予定である。

　長男Ｃさんは、Ａさんの提案に乗り気で、Ａさんのアドバイスのもと、同業種のＸ社株式とＹ社株式（いずれも東京証券取引所上場銘柄）のいずれかに投資しようとしているが、未経験の株式投資に対して不安も感じている。そこで、Ａさんは、長男Ｃさんと一緒に、ファイナンシャル・プランナーのＭさんに相談することにした。

<財務データ> （単位：百万円）

	X社	Y社
資 産 の 部 合 計	54,000	18,000
負 債 の 部 合 計	25,000	7,000
純 資 産 の 部 合 計	29,000	11,000
売 上 高	55,000	20,000
営 業 利 益	2,400	1,200
経 常 利 益	2,200	1,400
当 期 純 利 益	2,300	800
配 当 金 総 額	420	300

※純資産の金額と自己資本の金額は同じである。

<株価データ>

　Ｘ社：株価1,600円、発行済株式数2,100万株、１株当たり年間配当金20円

　Ｙ社：株価4,050円、発行済株式数1,000万株、１株当たり年間配当金30円

※本問においては、以下の名称を使用する。

・少額投資非課税制度に係る非課税口座を「NISA口座」という。

・非課税上場株式等管理契約に係る少額投資非課税制度を「一般NISA」といい、当該非課税管理勘定を「一般NISA勘定」という。

・非課税累積投資契約に係る少額投資非課税制度を「つみたてNISA」といい、当該累積投資勘定を「つみたてNISA勘定」という。
・未成年者少額投資非課税制度に係る非課税口座を「ジュニアNISA口座」という。

※上記以外の条件は考慮せず、各問に従うこと。

問 4

《設例》のデータに基づいて算出される次の①、②を求め、解答用紙に記入しなさい（計算過程の記載は不要）。〈答〉は表示単位の小数点以下第3位を四捨五入し、小数点以下第2位までを解答すること。
① X社のROE、Y社のROE
② X社のPER、Y社のPER

問 5

Mさんは、Aさんと長男Cさんに対して、《設例》のデータに基づいて、株式の投資指標等について説明した。Mさんが説明した次の記述①～③について、適切なものには○印を、不適切なものには×印を解答用紙に記入しなさい。

① 「PBRは、X社株式のほうがY社株式よりも高くなっています。しかし、これだけをもってX社株式が割高であると判断することはお勧めしません。PERなどの他の投資指標についても比較検討するなど、多角的な視点が望まれます」
② 「株主への利益還元の大きさに着目した指標として、配当性向があります。配当性向は、Y社のほうがX社よりも高くなっています」
③ 「一般に、自己資本比率が高いほど、経営の安全性が高いと考えられます。自己資本比率は、Y社のほうがX社よりも高くなっています」

　Mさんは、Aさんと長男Cさんに対して、少額投資非課税制度（NISA）について説明した。Mさんが説明した次の記述①～③について、適切なものには〇印を、不適切なものには×印を解答用紙に記入しなさい。

①「長男Cさんの場合、現時点（2022年9月11日）ではジュニアNISA口座しか開設することができませんが、2023年以降はNISA口座を開設することができます。上場株式を購入し、長期の積立・分散投資を行う場合、つみたてNISAの利用がお勧めです」

②「2023年中にNISA口座を開設する場合、一般NISAまたはつみたてNISAのいずれかを利用することができます。2023年中に一般NISA勘定に受け入れることができる金額は122万円、つみたてNISA勘定に受け入れることができる金額は40万円がそれぞれ上限となります」

③「NISA口座やジュニアNISA口座で購入した上場株式の配当金を非課税とするためには、配当金の受取方法として株式数比例配分方式を選択する必要があります。配当金領収証方式や登録配当金受領口座方式を選択しても非課税扱いにはなりません」

≪設　例≫

　　会社員のAさんは、妻Bさんおよび長男Cさんとの3人家族である。Aさんは、2022年6月に住宅ローンを利用して中古の分譲マンション（築10年）を購入し、同月中に当該マンションの引渡しを受けて入居した。

　　Aさんとその家族に関する資料等は、以下のとおりである。

<Aさんとその家族に関する資料>

　　Aさん　　　（47歳）：会社員

　　妻Bさん　　（44歳）：2022年中に、パートタイマーとして給与収入80万円を得ている。

　　長男Cさん（18歳）：高校生。2022年中の収入はない。

<Aさんの2022年分の収入に関する資料>

　　給与収入の金額　　：1,200万円

<Aさんが取得した分譲マンションに関する資料>

　　取得価額　　　　　：4,000万円

　　土地　　　　　　　：40㎡（敷地権の割合相当の面積）

　　建物　　　　　　　：85㎡（専有部分の床面積）

　　資金調達方法　　　：自己資金500万円

　　　　　　　　　　　　父親からの資金援助1,500万円（2022年5月に受贈）

　　　　　　　　　　　　銀行からの借入金2,000万円（2022年12月末の借入金残高
　　　　　　　　　　　　は1,950万円、返済期間は20年）

　　留意点　　　　　　：当該マンションは、個人間売買（消費税の課税対象外）
　　　　　　　　　　　　で購入。新耐震基準適合住宅に該当しているが、認定長
　　　　　　　　　　　　期優良住宅、認定低炭素住宅、特定エネルギー消費性能
　　　　　　　　　　　　向上住宅（以下、「ZEH水準省エネ住宅」という）、エネ
　　　　　　　　　　　　ルギー消費性能向上住宅（以下、「省エネ基準適合住宅」
　　　　　　　　　　　　という）には該当していない。
　　　　　　　　　　　　父親から受けた1,500万円の資金援助については、相続時
　　　　　　　　　　　　精算課税制度の適用を受けない。

※妻Bさんおよび長男Cさんは、Aさんと同居し、生計を一にしている。

※Aさんとその家族は、いずれも障害者および特別障害者には該当しない。

※Aさんとその家族の年齢は、いずれも2022年12月31日現在のものである。

※上記以外の条件は考慮せず、各問に従うこと。

問 7

住宅借入金等特別控除に関する以下の文章の空欄①〜④に入る最も適切な数値を、下記の〈数値群〉のなかから選び、その記号を解答用紙に記入しなさい。なお、問題の性質上、明らかにできない部分は「□□□」で示してある。

「個人が、2022年中に住宅ローンを利用して既存住宅を取得し（消費税は課されていない）、自己の居住の用に供した場合、『取得した住宅の床面積が（　①　）㎡以上であること』『住宅借入金等特別控除の適用を受けようとする者のその年分の合計所得金額が（　②　）万円以下であること』などの所定の要件を満たせば、2022年分以後、最大で（　③　）年間、住宅借入金等特別控除の適用を受けることができます。

控除額は、住宅ローンの年末残高に所定の控除率を乗じて算出しますが、その年末残高には限度額が設けられています。取得した既存住宅が認定長期優良住宅、認定低炭素住宅、ZEH水準省エネ住宅または省エネ基準適合住宅（以下、「認定住宅等」という）のいずれかに該当するときの年末残高の限度額は、（　④　）万円となり、認定住宅等に該当しないときの年末残高の限度額は、□□□万円となります」

―〈語句群〉――――――――――――――――――――――――――
イ. 10　　ロ. 13　　ハ. 15　　ニ. 20　　ホ. 30　　ヘ. 50　　ト. 70
チ. 2,000　リ. 3,000　ヌ. 4,000　ル. 5,000
―――――――――――――――――――――――――――――

問 8

住宅借入金等特別控除等に関する次の記述①〜③について、適切なものには○印を、不適切なものには×印を解答用紙に記入しなさい。

① 「Aさんは、2022年分の所得税において、住宅借入金等に係る年末残高証明書を所定の期日までに勤務先に提出することにより、年末調整で住宅借入金等特別控除の適用を受けることができます」

② 「Aさんが2023年に適用を受ける住宅借入金等特別控除の額がその年分の所得税額から控除しきれない場合、その残額は、Aさんの所得税の課税総所得金額等の額に7％を乗じて得た額（最高13万6,500円）を限度に、2024年度分の住民税額から控除されます」

③ 「Aさんが、父親から受けた1,500万円の資金援助について『直系尊属から住宅取得等資金の贈与を受けた場合の贈与税の非課税の特例』の適用を受けた場合、その贈与を受けた金額の全額について贈与税が課されません」

Aさんの2022年分の所得税額を計算した下記の表の空欄①～③に入る最も適切な数値を求めなさい。なお、住宅借入金等特別控除の適用を受けるものとし、総所得金額の計算上、Aさんが所得金額調整控除の適用対象者に該当している場合、所得金額調整控除額を控除すること。また、問題の性質上、明らかにできない部分は「□□□」で示してある。

（a）総所得金額	（ ① ）円
社会保険料控除	□□□円
生命保険料控除	□□□円
地震保険料控除	□□□円
配偶者控除	□□□円
扶養控除	（ ② ）円
基礎控除	480,000円
（b）所得控除の額の合計額	2,800,000円
（c）課税総所得金額（（a）－（b））	□□□円
（d）算出税額（（c）に対する所得税額）	□□□円
（e）税額控除（住宅借入金等特別控除）	（ ③ ）円
（f）差引所得税額	□□□円
（g）復興特別所得税額	□□□円
（h）所得税および復興特別所得税の額	□□□円

＜資料＞給与所得控除額

給与収入金額		給与所得控除額
万円超	万円以下	
～	180	収入金額×40％－10万円（55万円に満たない場合は、55万円）
180 ～	360	収入金額×30％＋8万円
360 ～	660	収入金額×20％＋44万円
660 ～	850	収入金額×10％＋110万円
850 ～		195万円

≪設　例≫

　　Aさん（51歳）は、上場企業に勤務する会社員である。2022年３月、X市内の実家（甲土地および建物）で１人暮らしをしていた母親が死亡した。法定相続人は、長女のAさんのみであり、相続に係る申告・納税等の手続は完了している。

　　Aさんは、Y市内の自宅に夫Bさん（53歳）および長男Cさん（18歳）と一緒に暮らしているため、相続後に空き家となっている実家（建物は築47年で老朽化）の売却を検討している。しかし、先日、不動産会社を通じて、食品スーパーのZ社から、「甲土地は、駅に近く、商業性の高い場所なので、新規出店をさせてほしい。Aさんには、建設協力金方式での有効活用を検討してもらえないだろうか」との提案があったことで、甲土地の有効活用にも興味を持ち始めている。

＜甲土地の概要＞

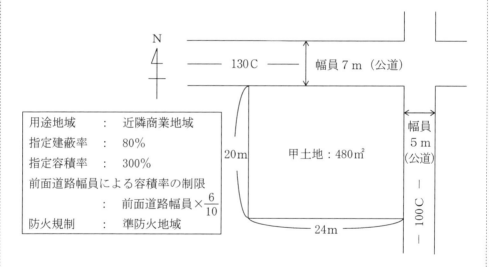

・甲土地は、建蔽率の緩和について特定行政庁が指定する角地である。

・指定建蔽率および指定容積率とは、それぞれ都市計画において定められた数値である。

・特定行政庁が都道府県都市計画審議会の議を経て指定する区域ではない。

※上記以外の条件は考慮せず、各問に従うこと。

「被相続人の居住用財産（空き家）に係る譲渡所得の特別控除の特例」（以下、「本特例」という）に関する以下の文章の空欄①～③に入る最も適切な語句または数値を、下記の〈語句群〉のなかから選び、その記号を解答用紙に記入しなさい。

「本特例の適用を受けるためには、相続した家屋について、（　①　）年5月31日以前に建築されたこと、相続開始直前において被相続人以外に居住をしていた人がいなかったことなどの要件を満たす必要があり、マンションなどの区分所有建物登記がされている建物（　②　）。

　本特例の適用を受けるためには、家屋を取り壊して更地で譲渡するか、または、家屋を一定の耐震基準を満たすようにリフォームしてから、その家屋のみを譲渡するか、もしくはその家屋とともに敷地を譲渡する必要があります。ただし、いずれの場合であっても、その譲渡の対価の額が（　③　）以下でなければなりません」

〈語句群〉

イ．1978 　　　　ロ．1981 　　　　ハ．1985

ニ．は対象となりません 　　　　ホ．も対象となります

ヘ．3,000万円 　　ト．5,000万円 　　チ．1億円

問 11

　　建設協力金方式の一般的な特徴等に関する次の記述①～③について、適切なものには○印を、不適切なものには×印を解答用紙に記入しなさい。

　①「建設協力金方式とは、Aさんが Z社から建設資金を借り受けて、Z社の要望に沿った店舗を建設し、その店舗を Z社に賃貸する手法です。借り受けた建設資金は、通常、賃料の一部で返済していくことになります」

　②「建設協力金方式により、Aさんが店舗を Z社に賃貸した後、その賃貸期間中にAさんの相続が開始した場合、相続税額の計算上、店舗は貸家として評価され、甲土地は貸家建付地として評価されます」

　③「建設協力金方式により、Aさんが店舗を Z社に賃貸した後、その賃貸期間中にAさんの相続が開始した場合、所定の要件を満たせば、甲土地は、貸付事業用宅地等として『小規模宅地等についての相続税の課税価格の計算の特例』の適用を受けることができます」

問 12

　　甲土地上に準耐火建築物を建築する場合における次の①、②を求めなさい（計算過程の記載は不要）。
　①建蔽率の上限となる建築面積
　②容積率の上限となる延べ面積

≪設 例≫

　X株式会社（非上場会社・製造業、以下、「X社」という）の代表取締役社長であるAさん（67歳）は、自宅で妻Bさん（66歳）および長男Cさん（42歳）夫婦と同居している。Aさんは、3年後をめどに、X社の専務取締役である長男Cさんに事業を承継する予定である。また、将来、妻Bさんには自宅および相応の現預金等を相続させ、長男CさんにはX社に有償で貸し付けているX社本社敷地・建物を相続させるつもりでいる。

　長女Dさん（41歳）は、1年前に夫と死別し、地元企業に勤務しながら、1人で孫Eさん（19歳）を育てている。Aさんは、長女Dさん親子のために、教育資金等の援助をしたいと思っている。

＜Aさんの親族関係図＞

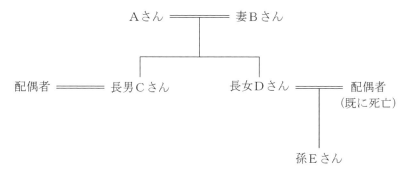

＜Aさんの主な所有財産（相続税評価額）＞

現預金等	：	2億円
X社株式	：	4億円
自宅敷地（330㎡）	：	6,000万円（注）
自宅建物	：	2,500万円
X社本社敷地（400㎡）	：	7,000万円（注）
X社本社建物	：	4,500万円
合計		8億円

（注）「小規模宅地等についての相続税の課税価格の計算の特例」適用前の金額

※上記以外の条件は考慮せず、各問に従うこと。

問 13

　Aさんの相続・事業承継等に関する以下の文章の空欄①～④に入る最も適切な語句を、下記の〈語句群〉のなかから選び、その記号を解答用紙に記入しなさい。

　I 「遺言により、自宅および現預金等を妻Bさん、X社関連の資産を長男Cさんに相続させた場合、長女Dさんの遺留分を侵害するおそれがあります。仮に、遺留分を算定するための財産の価額が8億円の場合、長女Dさんの遺留分の金額は、（　①　）となります」

　II 「長男CさんがX社本社敷地を相続により取得し、当該敷地について、特定同族会社事業用宅地等として『小規模宅地等についての相続税の課税価格の計算の特例』の適用を受けた場合、当該敷地（相続税評価額7,000万円）について、課税価格に算入すべき価額は（　②　）となります。なお、自宅敷地とX社本社敷地について、『小規模宅地等についての相続税の課税価格の計算の特例』の適用を受けようとする場合、（　③　）」

　III 「長男Cさん夫婦には子がいないので、将来の後継者確保のため、養子縁組をすることを検討してみてはいかがでしょうか。長男Cさん夫婦が孫Eさん（長女Dさんの子）と養子縁組（特別養子縁組でない縁組）をする場合、孫Eさんと長女Dさんとの法律上の親子関係は（　④　）」

〈語句群〉

イ．1,400万円　　ロ．2,380万円　　ハ．5,000万円　　ニ．5,250万円

ホ．1億円　　　　ヘ．2億円　　　　ト．終了しません　　チ．終了します

リ．適用対象面積は所定の算式により調整され、完全併用はできません

ヌ．それぞれの宅地の適用対象の限度面積まで適用を受けることができます

問 14

　「直系尊属から教育資金の一括贈与を受けた場合の贈与税の非課税の特例」（以下、「本特例」という）に関する次の記述①～③について、適切なものには○印を、不適切なものには×印を解答用紙に記入しなさい。

　①「孫Eさんが本特例の適用を受けるためには、孫Eさんが教育資金の贈与を受けた年の前年分の長女Dさんの所得税に係る合計所得金額が1,000万円以下でなければなりません」

② 「孫Eさんがさんから教育資金の贈与を受ける場合、所定の要件を満たせば、本特例と併せて相続時精算課税制度の適用を受けることができます」

③ 「教育資金管理契約期間中にAさんが死亡した場合、教育資金管理契約に係る非課税拠出額から教育資金支出額を控除した残額（管理残額）は、その死亡の日に孫Eさんが23歳未満である等の一定の場合を除き、相続税の課税対象となります」

問 15

現時点（2022年9月11日）において、Aさんの相続が開始した場合における相続税の総額を試算した下記の表の空欄①〜③に入る最も適切な数値を求めなさい。なお、相続税の課税価格の合計額は8億円とし、問題の性質上、明らかにできない部分は「□□□」で示してある。

（a）相続税の課税価格の合計額		8億円
	（b）遺産に係る基礎控除額	（　①　）万円
課税遺産総額（（a）−（b））		□□□万円
	相続税の総額の基となる税額	
	妻Bさん	□□□万円
	長男Cさん	（　②　）万円
	長女Dさん	□□□万円
（c）相続税の総額		（　③　）万円

<資料>相続税の速算表（一部抜粋）

法定相続分に応ずる取得金額			税率	控除額
万円超		万円以下		
	〜	1,000	10%	―
1,000	〜	3,000	15%	50万円
3,000	〜	5,000	20%	200万円
5,000	〜	10,000	30%	700万円
10,000	〜	20,000	40%	1,700万円
20,000	〜	30,000	45%	2,700万円
30,000	〜	60,000	50%	4,200万円

解答・解説編

2024年1月試験（個人資産相談業務）

模範解答

第 1 問	
問1	①740,344（円）　②276,242（円）　③126（円）　④276,368（円）
問2	①○　②×　③×
問3	①チ　②ニ　③ル

第 2 問	
問4	①×　②×　③○
問5	①○　②×　③×
問6	①0.73（％）　②0.86（％）

第 3 問	
問7	①×　②○　③×
問8	①30（万円）　②735（万円）
問9	①ハ　②リ　③ヘ　④ホ

第 4 問	
問10	①600（㎡）　②1,800（㎡）
問11	①○　②×　③○
問12	①×　②×　③○

第 5 問	
問13	①○　②○　③×
問14	①4,800（万円）　②500（万円）　③2,400（万円）
問15	①ニ　②リ　③ル　④ロ

＜合格基準＞50点満点で30点以上

（注）1．各問題の配点は、公表されていない。
　　　2．計算問題では、計算過程も示して解答するものもある。

●**試験問題の難易度**（各問題について、ＡＢＣで難易度を判定しています）

A	易しいレベルの問題、点数をとりやすい問題	10問
B	2級の試験として通常レベルの問題	5問
C	難しい問題、新しい傾向の問題	0問

問 1　　正解　①740,344（円）　②276,242（円）　③126（円）　④276,368（円）　　難易度 A

1．Aさんの老齢基礎年金の年金額

$$795,000円 \times \frac{保険料納付済月数（168月＋279月）}{480月} ≒ 740,344円（円未満四捨五入）$$

……①740,344（円）

2．老齢厚生年金の年金額

（1）報酬比例部分の額（円未満四捨五入）＝ⓐ＋ⓑ

　ⓐ2003年3月以前の期間分

　　該当なし

　ⓑ2003年4月以後の期間分

$$平均標準報酬額300,000円 \times \frac{5.481}{1,000} \times \begin{array}{l}2003年4月以後の\\被保険者期間の月数168月\end{array}$$

$$≒ 276,242円（円未満四捨五入）……②276,242（円）$$

（2）経過的加算額（円未満四捨五入）＝

1,657円×被保険者期間の月数168月－795,000円×

$$\frac{1961年4月以後で20歳以上60歳未満の厚生年金保険の被保険者期間の月数168月}{480}$$

$$= 126円……③126（円）$$

（3）基本年金額（上記「（1）＋（2）」の額）　　□□□円

（4）加給年金額（要件を満たしている場合のみ加算すること）

　　0円（要件を満たさず）

（5）老齢厚生年金の年金額……④276,368（円）

【解説】

①について

　Aさんは、国民年金保険料納付済期間が36歳～60歳まで279月、22歳～36歳になるまで168月厚生年金保険に加入しているため、保険料納付済期間が447月になる。したがって、老齢基礎年金の年金額は、740,344円となる。

　なお、20歳～22歳になるまでに33月の国民年金学生納付特例期間があるが、その期間の保険料については追納していないため、老齢基礎年金の額の計算に含めない。

②について

　ⅰ）報酬比例部分の額

　　報酬比例部分の額は過去の報酬等に応じて計算する。

報酬比例部分の額を計算する場合、2003年３月以前の加入期間と2003年４月以後の加入期間分をそれぞれ計算し、合算する。

　　Ａさんの場合、2003年３月以前の厚生年金保険加入期間はなく、2003年４月以後の被保険者期間が168月で平均標準報酬額が300,000円である。

　　したがって、報酬比例部分の額は、276,242円（円未満四捨五入）となる。

③について

　　経過的加算額は、老齢基礎年金の年金額を計算する際、20歳前と60歳以後の厚生年金被保険者期間が反映されていないため、これを補うために設けられている。Ａさんの被保険者期間月数は168月のため、経過的加算額は、126円となる。

④について

　　老齢厚生年金の年金額は、②と③を合計した額となる。

【補足】

・加給年金額について

　　加給年金額は、厚生年金保険の被保険者期間が20年以上ある人が、特別支給の老齢厚生年金（定額部分の支給開始年齢以降であること）や65歳以後の老齢厚生年金を受けられるようになったとき、その人に生計を維持されている次の配偶者または子がいるときに加算される。配偶者加給年金額は、年額397,500円（特別加算額を含む）である。

●加給年金額加算対象者について

加算対象者	年齢制限
配偶者	65歳未満の配偶者 （大正15年４月１日以前生まれの配偶者には年齢制限なし）
子	18歳到達年度の末日までの間の子 または１級・２級の障害の状態にある20歳未満の子

「生計を維持されている」とは、原則として次の（ａ）と（ｂ）の要件を満たす場合をいう。

（ａ）同居していること。ただし、別居していても、仕送りをしている等の事項があれば認定される。

（ｂ）加給年金額加算対象者について、前年の年収が850万円未満（または所得が655万5,000円未満）であること。

　　なお、Ａさんの厚生年金保険被保険者期間は、168月のため、加給年金額の要件を満たしていない。したがって、加給年金額の加算はない。

正解 ①○ ②× ③× 難易度 A

① 「Aさんは、国民年金の付加保険料を納付することができます。仮に、Aさんが月額400円の付加保険料を180月納付し、65歳から老齢基礎年金を受け取る場合、老齢基礎年金の額に付加年金として年額36,000円が上乗せされます」

② 「老齢基礎年金および老齢厚生年金は、繰下げ支給の申出により、繰り下げた月数に応じて増額された年金を受給することができます。Aさんの場合、65歳1ヵ月以降に繰下げ支給の申出をすることができ、その増額率は、繰り下げた月数に応じて最小で0.7％、最大で84.0％となります」

→下線部が誤り。

③ 「小規模企業共済制度は、個人事業主が廃業等した場合に必要となる資金を準備しておくための制度です。支払った掛金が所得控除の対象になることはメリットですが、契約者本人の都合で任意に解約ができないことに注意が必要です」

→下線部が誤り。

【解説】

①について

　　第1号被保険者および任意加入被保険者が定額保険料に付加保険料（月額400円）をプラスして納付すると、老齢基礎年金に付加年金が上乗せされる。

　　なお、付加年金の年金額は、200円×付加保険料納付月数で計算することができる。

②について

　　老齢年金の繰下げ支給とは、老齢年金を65歳で受け取らずに66歳以降75歳までの間で繰り下げて増額した年金を受け取ることをいう。したがって、65歳1ヵ月～65歳11ヵ月には繰下げ支給の申し出はできない。

　　年金額の増額率は、「0.7％×65歳に達した月から繰下げ申出月の前月までの月数」で、最大で84％である。

　　ただし、1952年4月1日以前生まれの人（または2017年3月31日以前に老齢年金を受け取る権利が発生している人）は、繰下げの上限年齢が70歳（権利が発生してから5年後）までで、増額率は最大で42％である。

●繰下げ増額率（1952年4月2日以降生まれの場合）

請求時の年齢	増額率
66歳0ヵ月～66歳11ヵ月	8.4％～16.1％
67歳0ヵ月～67歳11ヵ月	16.8％～24.5％
68歳0ヵ月～68歳11ヵ月	25.2％～32.9％
69歳0ヵ月～69歳11ヵ月	33.6％～41.3％
70歳0ヵ月～70歳11ヵ月	42.0％～49.7％
71歳0ヵ月～71歳11ヵ月	50.4％～58.1％
72歳0ヵ月～72歳11ヵ月	58.8％～66.5％
73歳0ヵ月～73歳11ヵ月	67.2％～74.9％
74歳0ヵ月～74歳11ヵ月	75.6％～83.3％
75歳0ヵ月	84.0％

③について

　　小規模企業共済制度は、個人事業主が廃業等した場合に必要となる資金を準備しておくための制度である。契約者本人の都合で任意に解約することもできる。

　　共済契約者の事業上の地位（個人事業主、個人事業主の共同経営者、会社等役員）や請求事由によって、受け取れる共済金等の種類が異なる。

　　個人事業主の場合、任意解約といい、共済契約者による任意の解約を行うことができる。

「国民年金基金は、老齢基礎年金に上乗せする年金を支給する任意加入の年金制度です。加入は口数制となっており、1口目は、保証期間のある（①チ. 終身）年金A型と保証期間のない（①チ. 終身）年金B型のいずれかの給付の型を選択します。2口目以降は、2種類の（①チ. 終身）年金と5種類の□□□年金のなかから選択することができます。掛金の額は、加入者が選択した給付の型や口数、加入時の年齢等で決まり、掛金の拠出限度額は月額（②ニ. 68,000）円です。なお、国民年金基金に加入している間は、国民年金の付加保険料を納付することができません。

国民年金基金の給付には、老齢年金のほかに遺族一時金があります。遺族一時金は、加入員が年金を受け取る前に死亡した場合などに、その遺族に対して支払われます。遺族が受け取った遺族一時金は、（③ル. 所得税と相続税のいずれの課税対象にもなりません）」

①について

国民年金基金は、口数制で年金額や給付の型を自分で選択することができる。

給付の型は、終身年金A・B型、確定年金I型・II型・III型・IV型・V型の7種類となっている。

1口目は、終身年金A型、終身年金B型のいずれかを選択する。

A型は、保証期間のある終身年金で、年金受給前または保証期間中に死亡した場合、遺族に一時金が支給される。一方、B型は、保証期間のない終身年金である。

②について

掛金の拠出限度額は、月額68,000円（確定拠出年金にも加入の場合は、国民年金基金と確定拠出年金の掛金額の合計が68,000円）が限度額となっている。

なお、国民年金の保険料を免除（一部免除・学生納付特例・納付猶予を含む）していた人が免除期間分の保険料をすべて追納したときは、追納された期間に相当する期間（ただし、最高5年間まで）で掛金の上限が月額102,000円になる特例がある。

③について

保証期間のある終身年金A型と、確定年金I型、II型、III型、IV型、V型に加入している人が年金受給前に死亡した場合には、加入時年齢と死亡時年齢および死亡時までの掛金納付期間に応じた額の一時金が遺族に支払われる。

また、保証期間のない終身年金B型のみに加入している場合、年金受給前に死亡ときには、1万円の一時金が遺族に支払われる。

遺族が受け取った遺族一時金は、非課税であるため、所得税と相続税のいずれの課税対象にもならない。

第2問

問4 正解 ①× ②× ③○ 〔難易度 A〕

①不適切。ROE（自己資本当期純利益率）の計算式は、「ROE（％）＝当期純利益÷自己資本×100」である。＜X社およびY社に関する資料＞で、「純資産の金額と自己資本の金額は同じである」とされているので、自己資本は「純資産の部合計」を使う。

　　X社のROE（％）＝17,000百万円÷250,000百万円×100＝6.80（％）

　　Y社のROE（％）＝24,000百万円÷290,000百万円×100＝8.27…（％）

　したがって、Y社のROEは8％を上回っているが、X社のROEは8％を下回っている。なお、「一般に、ROEが高い会社ほど、自己資本の効率的な活用がなされていると判断することができます」という文章は適切である。

②不適切。PBR（株価純資産倍率）の計算式は、「PBR（倍）＝株価÷1株当たり純資産」である。「1株当たり純資産」は、「自己資本（本問の場合は「純資産の部合計」と同じ）÷発行済株式数」で求められる。

　　X社の1株当たり純資産＝250,000百万円÷1億8,000万株

　　　　　　　　　　　　　＝1,388.88…円≒1,388.9円

　　∴PBR（倍）＝1,500円÷1,388.9円＝1.079…（倍）

　　Y社の1株当たり純資産＝290,000百万円÷1億株＝2,900円

　　∴PBR（倍）＝2,400円÷2,900円＝0.827…（倍）

　したがって、Y社のPBRは1倍を下回っているが、X社のPBRは1倍を上回っている。なお、「一般に、PBRが低いほど株価は割安と判断されますが、PBRが1倍を大きく下回る株式は、その企業の資本収益性や成長性に対する投資家の評価が低い可能性があります」という文章は適切である。

③適切。株主への利益還元の大きさに着目した指標として、配当性向がある。一般に、配当性向が高いほど、株主への利益還元の度合いが高いと考えることができる。計算式は、「配当性向（％）＝配当金総額÷当期純利益×100」である。

　　X社の配当性向（％）＝6,300百万円÷17,000百万円×100＝37.058…（％）

　　Y社の配当性向（％）＝7,000百万円÷24,000百万円×100＝29.166…（％）

　したがって、配当性向は、X社のほうがY社よりも高くなっている。

正解 ①○ ②× ③× 難易度 B

①適切。株価1,500円で500株購入し、株価1,700円で全株（500株）売却した場合、その売却益は、1,700円×500株－1,500円×500株＝85万円－75万円＝10万円となる。源泉徴収ありの特定口座（源泉徴収選択口座）では、証券会社が売却益に対して20.315％相当額を源泉徴収する。

②不適切。上場株式の配当金について、総合課税を選択して確定申告をすれば、配当控除の適用を受けることができるが、申告分離課税を選択した場合は配当控除の適用は受けられない。

③不適切。Z社債は特定公社債に該当しており、特定公社債の利子は、利子所得として申告分離課税の扱いとなる。利子支払い時に20.315％相当額が源泉領収されるが、確定申告は不要なので、確定申告しない場合は源泉徴収で課税関係は終了する。一方、確定申告した場合は申告分離課税の扱いとなり、上場株式等の譲渡損失との損益通算ができる。なお、特定公社債は特定口座で投資することができる。

問 6 正解 ①0.73（％） ②0.86（％） 難易度 A

①最終利回りの計算式は次のとおり。

$$最終利回り（\%）＝\dfrac{表面利率＋\dfrac{償還価格－購入価格}{残存期間}}{購入価格}×100$$

本問の場合、表面利率：0.55％、償還価格：100円、購入価格：99.30円、残存期間：4年なので、最終利回りは次のとおりとなる。

$$最終利回り（\%）＝\dfrac{0.55＋\dfrac{100－99.30}{4}}{99.30}×100＝0.730\cdots$$

$$≒0.73（\%）（小数点以下第3位四捨五入）$$

②所有期間利回りの計算式は次のとおり。

$$所有期間利回り（\%）＝\dfrac{表面利率＋\dfrac{売却価格－購入価格}{所有期間}}{購入価格}×100$$

本問の場合、表面利率：0.55％、売却価格：99.90円、購入価格：99.30円、所有期間：2年なので、所有期間利回りは次のとおりとなる。

$$所有期間利回り（\%）＝\dfrac{0.55＋\dfrac{99.90－99.30}{2}}{99.30}×100＝0.855\cdots$$

≒0.86（％）（小数点以下第3位四捨五入）

第3問

問7　正解　①×　②○　③×　〔難易度 A〕

①不適切。退職金の受給時に『退職所得の受給に関する申告書』を提出している場合の退職金の課税は、勤続年数に応じた退職所得控除額等が考慮された退職所得に対して所得税等の額が源泉徴収されるため、原則として確定申告の必要はない。確定申告での税額の精算が必要になるのは、『退職所得の受給に関する申告書』を提出していない場合である。

ただし、医療費控除や寄附金控除の適用を受けるなどの理由で確定申告書を提出する場合は、確定申告書に退職所得の金額を記載する必要がある。

②適切。特定口座（源泉徴収あり）内で生じた上場株式の譲渡損失の金額について、翌年分以後の上場株式等に係る譲渡所得等の金額および上場株式等に係る配当所得等の金額から繰越控除するためには、当該損失の金額について確定申告をする必要がある。

なお、この場合、上場株式等の譲渡がなかった年分においても、繰越控除の適用を受けるためには連続して確定申告をする必要がある。

③不適切。Aさんの給与収入の金額は900万円であり、850万円を超えているため、所得金額調整控除の収入要件は満たしている。しかし、所得金額調整控除の適用対象者には、もう一つ、本人が特別障害者であるか、特別障害者である同一生計配偶者または扶養親族を有する者であるか、年齢23歳未満の扶養親族を有する者であるか、のいずれかに該当する必要がある。設問には「Aさんとその家族は、いずれも障害者および特別障害者には該当しない」とあるほか、＜Aさんとその家族に関する資料＞には「年齢23歳未満の扶養親族がいる」という要件も見当たらないため、「所得金額調整控除額を控除します」は不適切。

問8　正解　①30（万円）　②735（万円）　〔難易度 B〕

①雑所得の金額を問う設問である。確定拠出年金の老齢給付金の年金額と個人年金保険契約に基づく年金収入はともに所得区分は雑所得となるのであるが、確定拠出年金を年金として分割して受け取る場合には公的年金（老齢基礎年金、老齢厚生年金等）と合計した収入金額に対して「公的年金等控除額」が適用されて計算される。

Aさんは60歳であり、確定拠出年金の老齢給付金の年金額は6万円であるので「〈資

料〉公的年金等控除額の速算表（一部抜粋）」の公的年金等控除額500,000円が適用され、公的年金等にかかる雑所得の対象となる金額はない。

一方、個人年金保険契約に基づく年金収入は90万円、必要経費は60万円である旨が設問で与えられているので、

　　90万円（個人年金保険契約に基づく年金収入額）－60万円（必要経費）
　　＝30万円

が公的年金等に係る雑所得以外の雑所得となり、これがこの設問の雑所得の金額となる。

②総所得金額がいくらかを問う設問である。＜Aさんの2023年分の収入等に関する資料＞によると、給与所得の金額は、705万円と与えられている。

そのほかに上場株式の譲渡損失の金額が80万円あるのだが、これは給与所得との損益通算はできず、仮に上場株式の譲渡益であったとしても分離課税所得なので、総所得金額を構成しない。

また、確定拠出年金の老齢給付金の年金額については、上記①の解説のとおり、公的年金等にかかる雑所得の対象となる金額がないので、考慮する必要はない。

退職所得の金額は500万円と設問に与えられているが、上場株式の譲渡損失の金額と同様、分離課税所得なので、総所得金額を構成しない。

したがって、この設問での総所得金額は、給与所得金額705万円に、①で算定した雑所得の金額を加え、

　　705万円（給与所得金額）＋30万円（雑所得金額）＝735万円

となる。

問 9　　**正解**　①ハ　②リ　③ヘ　④ホ　　　**難易度 A**

①確定拠出年金に拠出した掛金は全額が小規模企業共済等掛金控除として所得控除の対象となる。Aさんが2023年中に支払った掛金の額は12万円である旨が設問に与えられているので、Aさんが適用を受けることができる小規模企業共済等掛金控除の控除額は12万円となる。

②Aさんの妻Bさんはパートタイマーであり、2023年中の給与収入は90万円だけである旨が設問に記載されている。この要件だけをみると、控除対象配偶者となる人の年間の合計所得金額が48万円以下という要件を満たすのであるが、一方で、控除を受ける納税者本人の合計所得金額が、1,000万円を超えると配偶者控除の適用を受けることができなくなる。

Aさんの総所得金額は＜問8＞の②に735万円とあるのだが、この設問の場合、総所得金額に退職所得金額500万円も加わり、上場株式の譲渡損失の金額80万円も

考慮したあとの金額が合計所得金額になるので、Ａさんの2023年分の合計所得金額は1,000万円を超えており、配偶者控除の適用を受けることはできない。

③控除対象扶養親族のうち、その年12月31日現在の年齢が70歳以上の方がいる場合には、老人扶養親族として48万円が適用され、さらに、老人扶養親族のうち、Ａさんの直系尊属で、同居を常としている場合には、同居老親等の老人扶養親族ということで、所得控除額が10万円加算される。

　　設問には「妻Ｂさんおよび母Ｃさんは、Ａさんと同居し、生計を一にしている」旨の記載があり、したがって、母Ｃさんは、老人扶養親族のうち同居老親等に該当するため、Ａさんが適用を受けることができる扶養控除の控除額は、58万円となる。

④所得税の基礎控除は納税者本人の合計所得金額が、2,400万円以下の場合には48万円、2,400万円超2,450万円以下の場合には32万円、2,450万円超2,500万円以下の場合には16万円というように、納税者本人の合計所得金額が増えるにつれ、段階的に減少していく仕組みとなっている。

　　この設問でのＡさんの合計所得金額は2,400万円以下であるので、適用を受けられる基礎控除の額は48万円となる。

第4問

問10　正解　①600（㎡）②1,800（㎡）　難易度 Ａ

①建蔽率の上限となる建築面積

　　建築物の敷地が、特定行政庁の指定する角地の場合は、建蔽率は10％緩和される。

　　また、建築物が準防火地域内にある耐火建築物については、さらに建蔽率が10％緩和される。

　　したがって、甲土地の上限となる建蔽率は100％（80％＋10％＋10％）となる。

　　以上より、建蔽率の上限となる建築面積は、

　　600㎡×100％＝600㎡

②容積率の上限となる延べ面積

　　幅員12m未満の道路に接する敷地では、（ア）「指定容積率」と（イ）「前面道路幅員×$\frac{6}{10}$（住居系用途地域では$\frac{4}{10}$）」のいずれか低い方の容積率が適用される。よって、設問の場合、幅員7mとなるため、

　　・指定容積率：300％

　　・前面道路幅員による容積率の制限：7（m）×$\frac{6}{10}$＝420％

　　したがって、甲土地において上限となる容積率は300％である。

　　以上より、容積率の上限となる延べ面積は、

$600㎡ × 300\% = 1,800㎡$

問 11 　正解　①○　②×　③○　　難易度 A

①適切。事業用定期借地権等の設定契約は、公正証書により作成しなければならない。

②不適切。事業用定期借地権等を設定した場合、その土地上に建てる建物の用途はもっぱら事業の用に供する建物に限られ、居住用は賃貸マンションや老人ホーム等であっても対象にならない。

③適切。建物譲渡特約付借地権を設定した場合、借地権設定者が借地権者から借地上の建物を買い取ったときに借地契約は終了する。借地権設定者は買い取った建物を賃貸することで家賃収入を得ることが可能であるが、建物の維持管理の状態などによっては、十分な収益が見込めない可能性がある。

問 12 　正解　①×　②×　③○　　難易度 B

①不適切。定期借地権を設定した場合、土地上の建物については借地権者が、土地については借地権設定者が、それぞれ固定資産税の納税義務者となる。

②不適切。事業用定期借地権等が設定された甲土地は、相続税額の計算上貸宅地（底地）として評価される。

③適切。事業用定期借地権等を設定した場合、当該借地契約は、借地権者から申出があっても更新はできないが、借地権設定者と借地権者の合意により、存続期間内での存続期間の延長や、存続期間満了時における再契約は可能である。

第 5 問

問 13 　正解　①○　②○　③×　　難易度 B

①適切。公正証書遺言の証人は、㋐未成年者、㋑推定相続人および受遺者ならびにこれらの配偶者および直系血族、㋒公証人の配偶者、4親等内の親族、書記および使用人はなることができない。

②適切。記述のとおり。

③不適切。遺言執行者とは、遺言執行の目的のために特に選任された者をいい、一部（未成年者など）を除けば、遺言執行者になることができる。

問 14 　正解　①4,800（万円）　②500（万円）　③2,400（万円）　　難易度 A

（a）相続税の課税価格の合計額	1億8,800万円
（b）遺産に係る基礎控除額	①4,800万円
課税遺産総額（（a）−（b））	1億4,000万円
相続税の総額の基となる税額	
妻Bさん	1,400万円
長女Cさん	②500万円
長男Dさん	500万円
（c）相続税の総額	③2,400万円

※（a）は計算しなくとも本問は正解を導き出すことができる。

　本問のケースにおける法定相続人は妻Bさん、長女Cさん、長男Dさんの3人なので、遺産に係る基礎控除額は、3,000万円＋600万円×3人＝<u>4,800万円　（①）</u>である。

　次に相続税の総額の基となる各法定相続人の税額は以下のとおりである。

・妻Bさん：$1.4億円 \times \dfrac{1}{2} \times 30\% - 700万円 = 1,400万円$

・長女Cさん：$1.4億円 \times \dfrac{1}{4} \times 20\% - 200万円 = $<u>$500万円$　（②）</u>

・長男Dさん：長女Cさんと同じ

　以上のことから、相続税の総額は、1,400万円＋500万円＋500万円＝<u>2,400万円　（③）</u>となる。

問 15 　正解　①ニ　②リ　③ル　④ロ　　難易度 B

①②遺留分を算定するための財産の価額を2億4,000万円とした場合、長女Cさんの遺留分の割合は、$\dfrac{1}{8}\left(\dfrac{1}{4} \times \dfrac{1}{2}\right)$なので、$2億4,000万円 \times \dfrac{1}{8} = $<u>3,000万円　①（ニ）</u>となる。なお、遺留分侵害額請求権は、長女Cさんが相続の開始及び遺留分を侵害する贈与または遺贈があったことを知った時から、<u>1年間　②（リ）</u>行使しないときは、時効によって消滅する。

③配偶者に対する相続税額の軽減の適用を受ける場合、原則として、相続により取得した財産の金額が、法定相続分相当額と1億6,000万円のいずれか<u>多い　③（ル）</u>金額を超えない限り、配偶者が納付すべき相続税額は算出されない。

④特定居住用宅地等に該当する場合、限度面積330㎡が減額割合80％で評価される。したがって、$7,000万円 \times \dfrac{330㎡}{350㎡} \times 80\% = 6,600万円 \times 80\% = 5,280万円$が減額され、正解は、$7,000万円 - 5,280万円 = $<u>1,720万円　④（ロ）</u>が、相続税の課税価格に算入すべき当該敷地の価額となる。

解答・解説編

2023年9月試験 （個人資産相談業務）

模範解答

第 1 問	
問1	①795,000（円）　②1,187,874（円）
問2	①チ　②ル　③ロ　④ニ
問3	①×　②○　③×
第 2 問	
問4	①6.42（％）　②3.06（％）
問5	①×　②○　③×
問6	①○　②×　③×
第 3 問	
問7	①70（万円）　②37（年）　③1,990（万円）　④230（万円）
問8	①×　②○　③×
問9	①700（万円）　②680（万円）
第 4 問	
問10	①500（㎡）　②1,750（㎡）
問11	①○　②×　③×
問12	①×　②○　③×
第 5 問	
問13	①×　②○　③○
問14	①4,800（万円）　②2,300（万円）　③10,900（万円）
問15	①ル　②ト　③ホ　④ロ

＜合格基準＞50点満点で30点以上

（注）1．各問題の配点は、公表されていない。
　　　2．計算問題では、計算過程も示して解答するものもある。

●**試験問題の難易度**（各問題について、ＡＢＣで難易度を判定しています）

A	易しいレベルの問題、点数をとりやすい問題	10問
B	２級の試験として通常レベルの問題	4問
C	難しい問題、新しい傾向の問題	1問

問1　正解　①795,000（円）　②1,187,874（円）　難易度 A

①Aさんの老齢基礎年金の年金額

795,000円×保険料納付済月数480月／480月＝795,000円

②Aさんの老齢厚生年金の年金額

ⅰ）1,141,139円＋ⅱ）46,735円＝1,187,874円

ⅰ）報酬比例部分の額（円未満四捨五入）＝ⓐ＋ⓑ

　ⓐ2003年3月以前の期間分

　　平均標準報酬月額250,000円×7.125／1,000×2003年3月以前の被保険者期間の
　　月数72月＝128,250円

　ⓑ2003年4月以後の期間分

　　平均標準報酬額420,000円×5.481／1,000×2003年4月以後の被保険者期間の月
　　数440月＝1,012,888.8

　　ⓐ＋ⓑ＝1,141,138.8円→1,141,139円（円未満四捨五入）

ⅱ）経過的加算額（円未満四捨五入）＝1,657円×被保険者期間の月数480月－
　　795,000円×1961年4月以後で20歳以上60歳未満の厚生年金保険の被保険者期
　　間の月数452月／480＝46,735円

ⅲ）加給年金額＝397,500円（要件を満たしている場合のみ加算すること）
　　0円

【解説】

①について

　Aさんは、国民年金保険料納付済期間が20歳から22歳まで28月あり、22歳から60歳
になるまで452月厚生年金保険に加入しているため、保険料納付済期間が480月（28月
＋452月）になる。

　したがって、20歳～60歳になるまでの全てにおいて保険料納付済期間となり、保険
料免除期間や保険料未納期間がないため、老齢基礎年金の年金額は、795,000円となる。

②について

　ⅰ）報酬比例部分の額

　　　報酬比例部分の額は過去の報酬等に応じて計算する。

　　　報酬比例部分の額を計算する場合、2003年3月以前の加入期間と2003年4月以
　　後の加入期間分をそれぞれ計算し、合算する。

Aさんの場合、2003年3月以前の厚生年金保険加入期間が72月で平均標準報酬月額250,000円、2003年4月以後の被保険者期間が440月で平均標準報酬額が420,000円である。

　したがって、報酬比例部分の額は、1,141,139円（円未満四捨五入）となる。

ⅱ）経過的加算額

　老齢基礎年金の年金額を計算する際、20歳前と60歳以後の厚生年金被保険者期間が反映されていないため、これを補うために経過的加算額が上乗せされる。

　Aさんの被保険者期間月数は、512月（72月＋440月）だが、上限が480月となっているため、480月となる。また、20歳以上60歳未満の厚生年金保険の被保険者期間の月数452月（512月－60月（60歳～65歳））となる。

　したがって、経過的加算額は、46,735円となる。

ⅲ）加給年金額

　加給年金額は、厚生年金保険の被保険者期間が20年以上ある人が、特別支給の老齢厚生年金（定額部分の支給開始年齢以降であること）や65歳以後の老齢厚生年金を受けられるようになったとき、その人に生計を維持されている次の配偶者または子がいるときに加算される。

　配偶者加給年金額は、年額397,500円（特別加算額を含む）である。

●加給年金額加算対象者について

加算対象者	年齢制限
配偶者	65歳未満の配偶者 （大正15年4月1日以前生まれの配偶者には年齢制限なし）
子	18歳到達年度の末日までの間の子 または1級・2級の障害の状態にある20歳未満の子

　したがって、妻Bさんは、Aさんが65歳になった時点で、すでに65歳になっているため、加給年金額の加算対象者とならない。

　また、長女Cさんは、すでに18歳到達年度の末日を過ぎているため、加給年金額の加算対象者ではない。

問2　　正解　①チ　②ル　③ロ　④ニ　　（難易度 A）

Ⅰ「Aさんおよび妻Bさんは、老後の年金収入を増やす方法として、個人型年金に加入することができます。個人型年金は、加入者の指図により掛金を運用し、その運

用結果に基づく給付を受け取る制度であり、拠出できる掛金の限度額は、Ａさんの場合は年額144,000円、妻Ｂさんの場合は年額（①チ 276,000）円です。加入者が拠出した掛金は、その全額を所得税の（②ル 小規模企業共済等掛金控除）として総所得金額等から控除することができます」

Ⅱ「Ａさんが60歳から個人型年金の老齢給付金を受給するためには、通算加入者等期間が（③ロ 10）年以上なければなりません。なお、Ａさんの通算加入者等期間が（③ロ 10）年以上である場合、老齢給付金の受給開始時期を、60歳から（④ニ 75）歳になるまでの間で選択することができます」

【解説】

①について

個人型年金（iDeCo）の拠出できる掛金の限度額は、次表のとおりである。

したがって、妻Ｂさんは、企業型年金などを実施していない会社に勤務しているため、掛金の拠出限度額は、年額276,000円（月額23,000円）である。

個人型年金（iDeCo）
①自営業者等 　68,000円（月額） 　※国民年金基金に加入している場合はその掛金と合わせて月額68,000円まで
②厚生年金保険の被保険者のうち、 　(a)厚生年金基金等の確定給付型の年金を実施している場合：12,000円（月額。2024年12月から20,000円に引き上げ） 　(b)企業型年金のみを実施している場合：20,000円（月額） 　(c)企業型年金などを実施していない場合（下記(d)を除く）：23,000円（月額） 　(d)公務員：12,000円（月額。2024年12月から20,000円に引き上げ）
③専業主婦（夫）等：23,000円（月額）

②について

加入者が拠出した掛金は、その全額が「小規模企業共済等掛金控除」となる。

③について

個人型年金の加入者期間が10年以上ある場合、老齢給付金の支給を受けることができるのは、原則として、60歳からである。

なお、60歳の時点で通算加入者等期間が10年に満たない場合は、次表のように支給開始年齢の引き延ばしを行う。

●通算加入者等期間別の支給開始可能年齢

通算加入者等期間	支給開始可能年齢
8年以上10年未満	満61歳
6年以上8年未満	満62歳
4年以上6年未満	満63歳
2年以上4年未満	満64歳
1月以上2年未満	満65歳

④について

　2022年4月から受給開始時期が70歳から75歳まで引き上げられたため、老齢給付金の受給開始時期は、60歳から75歳になるまでの間で選択できるようになっている。

問3 　正解 ①× ②○ ③× ｜ 難易度 B

①「Aさんが希望すれば、66歳以後、老齢基礎年金および老齢厚生年金の繰下げ支給の申出をすることができます。仮に、Aさんが70歳で老齢基礎年金の繰下げ支給の申出をした場合、当該年金額の増額率は24%となります」
　→下線部が誤り。

②「長女Cさんが、2023年11月以降の大学生である期間について国民年金の学生納付特例の適用を受ける場合、長女Cさん本人に係る所得要件はありますが、Aさんおよび妻Bさんに係る所得要件はありません」

③「Aさんが確定拠出年金の個人型年金の加入後に死亡した場合において、個人別管理資産があるときは、Aさんの遺族は所定の手続により死亡一時金を受け取ることができます。Aさんの遺族が受け取る死亡一時金は、所得税と相続税のいずれの課税対象にもなりません」
　→下線部が誤り。

【解説】

①について

　老齢年金の繰下げ支給とは、老齢年金を65歳で受け取らずに66歳以降75歳までの間で繰り下げて増額した年金を受け取ることをいう。

　年金額の増額率は、「0.7% × 65歳に達した月から繰下げ申出月の前月までの月数」で、最大で84%である。

　ただし、1952年4月1日以前生まれの人（または2017年3月31日以前に老齢年金を

受け取る権利が発生している人）は、繰下げ支給の上限年齢が70歳（権利が発生してから5年後）までで、増額率は、最大で42％である。

●繰下げ増額率

請求時の年齢	増額率
66歳0ヵ月～66歳11ヵ月	8.4％～16.1％
67歳0ヵ月～67歳11ヵ月	16.8％～24.5％
68歳0ヵ月～68歳11ヵ月	25.2％～32.9％
69歳0ヵ月～69歳11ヵ月	33.6％～41.3％
70歳0ヵ月～70歳11ヵ月	42.0％～49.7％
71歳0ヵ月～71歳11ヵ月	50.4～58.1％
72歳0ヵ月～72歳11ヵ月	58.8～66.5％
73歳0ヵ月～73歳11ヵ月	67.2～74.9％
74歳0ヵ月～74歳11ヵ月	75.6～83.3％
75歳0ヵ月	84.0％

したがって、Aさんが70歳で老齢基礎年金の繰下げ支給の申出をした場合、当該年金額の増額率は42％である。

②について

日本国内に住むすべての人は、20歳になった時から国民年金の被保険者となり、保険料の納付が義務づけられている。

学生の場合、申請により在学中の保険料の納付が猶予される「学生納付特例制度」が設けられている。

対象者は、学生納付特例を受けようとする申請者本人の所得が一定以下の学生であること。

したがって、Aさんおよび妻Bさんの所得要件はない。

③について

確定拠出年金の給付の種類と受取時の課税方法は、次表のとおりである。

給付種類	受取方法	課税方法
老齢給付金	年金形式	雑所得 （公的年金等控除の適用可）
	一時金形式	退職所得 （退職所得控除の適用可）
障害給付金	年金形式	非課税
	一時金形式	
死亡給付金	一時金形式	みなし相続財産として相続税の課税対象

したがって、Aさんの遺族が受け取る死亡一時金は、<u>みなし相続財産として相続税の課税対象</u>となる。

第2問

問4　正解　①6.42（%）　②3.06（%）　難易度 A

①ROE（自己資本当期純利益率）の計算式は、「ROE（%）＝当期純利益÷自己資本×100」である。＜X社の財務データ＞で、「純資産の金額と自己資本の金額は同じである」とされているので、自己資本は「純資産の部合計」を使う。

　　81期の当期純利益は5,200百万円、自己資本は「80期と81期の平均を用いる」とされているので、（79,000百万円＋83,000百万円）÷2＝81,000百万円となる。

　　∴ROE（%）＝5,200百万円÷81,000百万円×100＝6.419…≒6.42（%）（小数点以下第3位四捨五入）

②配当利回りの計算式は、「配当利回り（%）＝1株当たり年間配当金÷株価×100」である。1株当たり年間配当金は、「配当金総額÷発行済株式数」で求められる。

　　X社の81期における1株当たり年間配当金＝2,600百万円÷5,000万株＝52円

　　∴X社の配当利回り（%）＝52円÷1,700円×100＝3.058…≒3.06（%）（小数点以下第3位四捨五入）

問5　正解　①×　②○　③×　難易度 A

①不適切。PER（株価収益率）の計算式は、「PER（倍）＝株価÷1株当たり当期純利益」である。1株当たり当期純利益は、「当期純利益÷発行済株式数」で求められる。

　　X社の1株当たり当期純利益＝5,200百万円÷5,000万株＝104円

　　X社株式のPER（倍）＝1,700円÷104円＝16.346…（倍）

　　したがって、「X社株式のPERは15倍を下回っています」という文章は誤りである。

　　なお、「一般に、PERが低い銘柄ほど株価は割安とされていますが、X社株式に投資する際は、他の投資指標とあわせて同業他社の数値と比較するなど、多角的な視点で検討することが望まれます」という文章は適切である。

②適切。源泉徴収ありの特定口座（源泉徴収選択口座）で上場株式等を譲渡すると、その譲渡益に対して20.315%相当額の税金が源泉徴収される。

③不適切。配当金の受取りなど株主としての権利を得るためには、会社ごとに定められている権利確定日（決算期末など）までに、株式の受渡しを終えて株主になっている必要がある。株式の受渡しは営業日ベースで3日目受渡しなので（約定日を1

日目と数え、土曜、日曜、祝日などは営業日ではないので計算から外す）、権利確定日の３営業日前（権利確定日を１日目と数える）までに株式を買い付ければ、権利を確定させることができる。

本問の場合、11月30日（木）が次回の配当金受取りの権利が得られる権利確定日になる。11月30日から３営業日前（11月30日を計算に入れない場合は２営業日前）は11月28日（火）なので、この日が権利付き最終日となり、11月28日までに株式を買い付ければ、11月末現在の株主を対象とした配当金を受け取ることができる。

なお、翌11月29日（水）に株式を買い付けると受渡し日は12月１日（金）となり、11月30日現在で株主になることはできないので、権利落ちとなり、11月末現在の株主を対象とした配当金は受け取れない。

また、11月28日に買い付けたＸ社株式を、翌29日に売却したとしても、11月30日時点で株主であるので、Ｘ社株式の配当金を受け取ることができる。

●2023年11月／12月のカレンダー

日	月	火	水	木	金	土
11／26	27	28	29	30	12／1	2

※網掛け部分は市場休業日

問 6　正解　①○　②×　③×　難易度 A

①適切。運用管理費用（信託報酬）は、投資信託を保有する投資家が負担する費用である。一般に、アクティブ型投資信託は、銘柄選択等にコストがかかるので、パッシブ型投資信託よりも運用管理費用（信託報酬）が高い傾向にある。

②不適切。ドルコスト平均法とは、価格が変動する商品を定期的に、「一定口数」ではなく「一定額」で購入する方法である。毎回一定額で購入するため、価格が安いときには多くの口数が購入でき、価格が高いときには購入口数が少なくなる。このため、一定口数で購入する方法よりも、平均購入単価を引き下げる効果が期待できる。

③不適切。収益分配後の基準価額が個別元本を上回る場合は、収益分配金はすべて普通分配金となる。

第 3 問

問 7　正解　①70（万円）　②37（年）　③1,990（万円）　④230（万円）　難易度 A

退職所得控除額は、次のように算定されることになっている。

・勤続年数が20年以下の場合……1年あたり40万円

・勤続年数が20年を超える場合……20年以下の部分に1年あたり40万円、20年を超えた部分に1年あたり70万円

・勤続年数1年未満の端数は切り上げ

・退職所得の金額の算式は、「（収入金額－退職所得控除額）× $\frac{1}{2}$ 」

本問の場合、勤続年数36年5ヵ月であるので37年で算定することとなる。したがって

＜退職所得控除額＞

800万円＋70万円×（37年－20年）＝1,990万円

＜退職所得金額＞

（2,450万円－1,990万円）× $\frac{1}{2}$ ＝230万円

と算定される。

なお、勤続年数36年5ヵ月であるので特定役員退職手当等および短期退職手当等の規定の「2分の1課税」を適用の有無について考慮することなく、また、障害者になったことが直接の原因で退職した場合の退職所得控除額は100万円加算されるのであるが、本問では「障害者になったことが退職の直接の原因ではない」とあるので、これら要件について考慮することはない。

問 8   正解   ①× ②○ ③×   難易度 A

①Aさんは、不動産所得の金額に損失が生じているので、確定申告をすることによって、土地の取得に係る負債の利子の部分を除き、損益通算の適用を受けることができる。したがって、この場合、適用を受けることができるのは、純損失の繰越控除ではなく、損益通算となる。

②社会保険料控除の適用の有無を問う設問である。社会保険料控除は、納税者が自己または自己と生計を一にする配偶者やその他の親族の負担すべき社会保険料を支払った場合には、その支払った金額について所得控除を受けることができる。したがって、Aさんが長女Cさんの国民年金保険料を支払った場合、その支払った保険料はAさんの社会保険料控除の対象とできる。

③配偶者控除および扶養控除の金額を問う設問である。設問の＜Aさんとその家族に関する資料＞によると、妻Bさんは年齢が53歳のパートタイマーで、2023年中の収入は給与収入90万円であることがわかる。これにより、妻Bさんの所得は、

90万円（給与収入金額）－55万円（給与所得控除額の最低額）＝35万円

と算定され、合計所得金額が48万円以下であることから、控除対象適用配偶者となり、配偶者控除の金額は38万円となる。

一方、長女Ｃさんについても年齢が21歳の大学生で、2023年中の収入はないことから、控除対象扶養親族に該当するのであるが、この場合、その年12月31日現在の年齢が19歳以上23歳未満の場合、特定扶養親族となり、扶養控除は38万円ではなく、63万円が適用される。

問 9 　正解　①700（万円）　②680（万円）　　難易度 Ｂ

①総所得金額に算入される給与所得の金額を問う設問である。設問の＜Ａさんの2023年分の収入等に関する資料＞によると、Ａさんの給与収入の金額は900万円と与えられている。

　＜資料＞給与所得控除額にあてはめると、「給与収入金額　850万円〜」の範囲に属するので、給与所得控除額195万円を差し引いたあとの金額が給与所得の金額になるのだが、Ａさんには長女Ｃさん（21歳）という23歳未満の扶養親族がいる。したがって、給与所得控除額のほかに所得金額調整控除を考慮することとなる。

　所得金額調整控除の算式は

　｜給与等の収入金額（1,000万円超の場合は1,000万円）－850万円｜×10％＝控除額

であるので、上記算式にあてはめると

　（900万円－850万円）×10％＝5万円

が所得金額調整控除額となる。したがって、

　900万円（給与収入の金額）－195万円（給与所得控除額の上限額）－5万円（所得金額調整控除額）＝700万円

が給与所得の金額となる。

②総所得金額を問う設問である。①にあったように、給与所得の金額は700万円と算定されたので、Ａさんの給与所得の金額、不動産所得の金額のうち、損益通算の対象となる金額、一時所得にうち総所得金額に算入される金額を検討していくこととなる。

　設問の＜Ａさんの2023年分の収入等に関する資料＞に、Ａさんの不動産所得の金額は▲40万円であるが、損失の金額40万円のうちには土地等の取得に係る負債の利子10万円を含む旨も記されているので、不動産所得の金額の計算上生じた損失が生じた場合で、土地等の取得に要した負債の利子に相当する部分の金額は損益通算の対象とならないという規定にあてはまることとなり、損益通算の対象となる不動産所得の金額は▲30万円と算定される。

　また、資料（3）の一時払変額個人年金保険（10年確定年金）の解約返戻金は一時所得に分類されるので

　500万円（総収入金額）－430万円（収入を得るために支出した金額）－50万円（特

別控除額）＝20万円

が、一時所得の金額となるのであるが、総所得金額に算入される一時所得の金額は、その所得金額の2分の1に相当する金額となるので、

20万円（一時所得の金額）$\times \dfrac{1}{2}$＝10万円

が、総所得金額に算入される一時所得の金額となる。したがって

700万円（給与所得の金額）－30万円（損益通算の対象となる不動産所得の損失の金額）＋10万円（総所得金額に算入される一時所得の金額）＝680万円

となる。

第4問

問10 　正解　①500（㎡）　②1,750（㎡）　　　難易度 A

①建蔽率の上限となる建築面積

　　建築物の敷地が、特定行政庁の指定する角地の場合は、建蔽率は10％緩和される。また、建築物が準防火地域内にある準耐火建築物については、さらに建蔽率が10％緩和される。したがって、甲土地の上限となる建蔽率は80％（60％＋10％＋10％）となる。

　　以上より、建蔽率の上限となる建築面積は、

　　（300＋325）㎡×80％＝500㎡

②容積率の上限となる延べ面積

　　幅員12m未満の道路に接する敷地では、（ア）「指定容積率」と（イ）「前面道路幅員×$\dfrac{6}{10}$（住居系用途地域では$\dfrac{4}{10}$）」のいずれか低い方の容積率が適用される。よって、設問の場合は幅員7mとなるため、

　　指定容積率：300％

　　前面道路幅員による容積率の制限：7（m）×$\dfrac{4}{10}$＝280％

　　したがって、甲土地において上限となる容積率は280％である。

　　以上より、容積率の上限となる延べ面積は、

　　（300＋325）㎡×280％＝1,750㎡

問11 　正解　①○　②×　③×　　　難易度 B

①適切。居住用財産を譲渡した場合の3,000万円特別控除は、居住用財産を居住の用に供さなくなった日から3年を経過する年の12月31日までに譲渡しなければ適用を受けることができない。

②不適切。軽減税率の特例は、譲渡した居住用財産の所有期間が譲渡した年の1月1

日現在で10年を超えている場合に適用を受けられるが、居住用財産を相続した場合、取得時期は原則として被相続人の取得時期を引き継ぐ。相続開始日ではない。

③不適切。借地借家法が適用されるのは、建物所有目的の土地の賃貸借であり、月極駐車場の賃貸借契約には適用されない。そのため、貸主からの中途解約申し入れにあたって正当事由は必要ない。

問12 正解 ①× ②○ ③× 難易度 C

①不適切。不動産所得の金額の計算上、利息については必要経費に算入することができるが、元本は算入することができない。

②適切。建設協力金方式により建設された建物の所有者は土地所有者であり、建物の固定資産税の納税義務は土地所有者が負うこととなる。

③不適切。建設協力金方式により建設された建物は、相続税額の計算上、貸家として評価され、土地は貸家建付地として評価される。

第5問

問13 正解 ①× ②○ ③○ 難易度 B

①不適切。資本金の額が1億円以下であって一定の中小法人に該当する場合は、所得金額が年800万円以下の部分については、軽減税率が適用される。

②適切。記述のとおり。

③適切。記述のとおり。

問14 正解 ①4,800（万円） ②2,300（万円） ③10,900（万円） 難易度 A

（a）相続税の課税価格の合計額		44,800万円
	（b）遺産に係る基礎控除額	①4,800万円
課税遺産総額（（a）－（b））		4億円
	相続税の総額の基となる税額	
	妻Bさん	6,300万円
	長男Cさん	②2,300万円
	二男Dさん	2,300万円
（c）相続税の総額		③10,900万円

※本問の場合、（a）は計算せずとも正解が導ける。

本問のケースにおける法定相続人は妻Bさん、長男Cさん、二男Dさんの3人なの

で、遺産に係る基礎控除額は、3,000万円＋600万円×3人＝4,800万円（①）である。

　次に相続税の総額の基となる各法定相続人の税額は以下のとおりである（「＜資料＞相続税の速算表」を参照）。

・妻Bさん　　：4億円×$\dfrac{1}{2}$×40%－1,700万円＝6,300万円

　長男Cさん：4億円×$\dfrac{1}{4}$×30%－700万円＝2,300万円（②）

　二男Dさん：（長男Cさんと同じ）

以上のことから、

相続税の総額は、6,300万円＋2,300万円＋2,300万円＝10,900万円（③）となる。

問 15　正解　①ル　②ト　③ホ　④ロ　　難易度 A

①二男Dさんの法定相続分は4分の1で、遺留分の割合はその2分の1である8分の1であるため、遺留分を算定するための財産の価額が5億円ならば、その8分の1の6,250万円が二男Dさんの遺留分の金額となる。

②小規模宅地等についての相続税の課税価格の計算の特例の適用を受けた場合、当該敷地200㎡相続税評価額6,000万円の80%が減額され、6,000万円×20%＝1,200万円が、相続税の課税価格に算入すべき価額とすることができる。

③相続税の申告書は、原則として、相続の開始があったことを知った日の翌日から10ヵ月以内に、Aさんの死亡時の住所地を所轄する税務署長に提出する必要がある。

④相続税の申告の際に「申告期限後3年以内の分割見込書」を税務署に提出し、申告期限後3年以内に遺産分割協議が成立すれば、特例の適用を受けることができる。

解答・解説編

2023年5月試験（個人資産相談業務）

模範解答

第 1 問	
問1	①ロ ②リ ③ホ ④ル
問2	①250,000（円） ②289（月） ③457,357（円）
問3	①× ②× ③○
第 2 問	
問4	①× ②○ ③○
問5	①10.83（倍） ②2.23（倍）
問6	①○ ②× ③×
第 3 問	
問7	①チ ②ニ ③イ
問8	①○ ②× ③×
問9	①4,850,000（円） ②480,000（円） ③172,500（円）
第 4 問	
問10	①600（㎡） ②2,160（㎡）
問11	①× ②○ ③×
問12	①○ ②× ③○
第 5 問	
問13	①× ②○ ③×
問14	①5,400（万円） ②325（万円） ③3,750（万円）
問15	①イ ②ニ ③ホ

＜合格基準＞50点満点で30点以上

（注）1．各問題の配点は、公表されていない。

2．計算問題では、計算過程も示して解答するものもある。

●試験問題の難易度（各問題について、ＡＢＣで難易度を判定しています）

A	易しいレベルの問題、点数をとりやすい問題	11問
B	２級の試験として通常レベルの問題	4問
C	難しい問題、新しい傾向の問題	0問

問1　正解　①ロ　②リ　③ホ　④ル　難易度 A

Ⅰ「Aさんが現時点（2023年5月28日）において死亡した場合、妻Bさんは遺族基礎年金および遺族厚生年金を受給することができます。遺族基礎年金を受給することができる遺族の範囲は、国民年金の被保険者等の死亡の当時その者によって生計を維持されていた『子のある配偶者』または『子』です。『子』とは、18歳到達年度の末日までの間にあるか、20歳未満で障害等級（　①　ロ　1級または2級　）に該当する障害の状態にあり、かつ、現に婚姻していない子を指します。子のある配偶者の遺族基礎年金の年金額（2022年度価額）は、『777,800円＋子の加算額』の算式により算出され、子の加算額は、第1子・第2子までは1人につき□□□円、第3子以降は1人につき□□□円となります。仮に、Aさんが現時点（2023年5月28日）で死亡した場合、妻Bさんが受給することができる遺族基礎年金の年金額は、（　②　リ　1,225,400　）円（2022年度価額）となります。また、妻Bさんは遺族年金生活者支援給付金も受給することができます。その年額は（　③　ホ　60,240　）円（2022年度価額）となります」

Ⅱ「Aさんが厚生年金保険の被保険者期間中に死亡した場合、遺族厚生年金の年金額は、原則として、Aさんの厚生年金保険の被保険者記録を基礎として計算した老齢厚生年金の報酬比例部分の額の（　④　ル　4分の3　）相当額になります。ただし、その計算の基礎となる被保険者期間の月数が300月に満たないときは、300月とみなして年金額が計算されます」

●解説

Ⅰ－①について

　　遺族基礎年金を受給できる遺族の範囲は、「子のある配偶者」または「子」であるが、子とは、未婚の18歳到達年度の末日までの間にあるか、障害等級1級または2級に該当する障害の状態にある20歳未満であることが要件である。

Ⅰ－②について

　　遺族基礎年金は、老齢基礎年金の満額（777,800円）に相当する基本額と、子どもの数による加算（子ども1人目・2人目は1人につき223,800円、3人目以降は1人につき74,600円が加算される）で、年金額が決まる。

　　したがって、遺族基礎年金の額は、777,800円＋223,800円×2人（長男Cさん、長女Dさん）＝1,225,400円となる。

Ⅰ－③について

　　年金生活者支援給付金は、公的年金等の収入やその他の所得額が一定基準額以下

の年金受給者の生活を支援するために、年金に上乗せして支給されるものである。

年金生活者支援給付金には、老齢（補足的老齢）年金生活者支援給付金、障害年金生活者支援給付金、遺族年金生活者支援給付金の3種類があるが、それぞれ支給要件に該当しない場合は支給されない。

遺族年金生活者支援給付金の支給要件は、次の（1）と（2）の両方を満たしていること。

（1）遺族基礎年金の受給者であること

（2）前年の所得額が4,721,000円＋扶養親族の数×38万円（注）以下であること

（注）同一生計配偶者のうち70歳以上の者または老人扶養親族の場合は48万円、特定扶養親族または16歳以上19歳未満の扶養親族の場合は63万円となる。

給付額は、月額5,020円（2022年度価額）で、年額60,240円である。

ただし、2人以上の子が遺族基礎年金を受給している場合は、5,020円を子の数で割った金額となる。

Ⅱ－④について

遺族厚生年金の額（中高齢寡婦加算額および経過的寡婦加算額を除く）は、原則として、死亡した人の厚生年金保険の被保険者記録を基礎として計算した老齢厚生年金の報酬比例部分の4分の3相当額である。

問 2 　　正解　①250,000（円）　②289（月）　③457,357（円）　　難易度 A

遺族厚生年金の年金額

$$\left\{ 平均標準報酬月額（①250,000円）\times\frac{7.125}{1,000}\times 被保険者期間の月数48月＋平均標準報酬額380,000円\times\frac{5.481}{1,000}\times 被保険者期間の月数241月 \right\}\times\frac{300月}{（②289）月}\times\frac{3}{4}=$$

（③457,357）円（円未満四捨五入）

●解説

遺族厚生年金の年金額は、死亡した人の報酬比例部分の年金額の4分の3に相当する額である。

報酬比例部分の年金額は、2003年3月までの期間分と2003年4月以降の期間分をそれぞれ計算し、合算する。

平均標準報酬月額とは、2003年3月までの被保険者期間の計算の基礎となる各月の標準報酬月額の総額を、2003年3月までの被保険者期間の月数で除して得た額をいう。

平均標準報酬額とは、2003年4月以後の被保険者期間の計算の基礎となる各月の標準報酬月額と標準賞与額の総額を、2003年4月以後の被保険者期間の月数で除し

て得た額（賞与を含めた平均月収）をいう。

　なお、②についてだが、被保険者期間が300月（25年）未満の場合は、300月とみなして計算することになっている。つまり、設問のケースでいえば、報酬比例部分の額を被保険者期間の月数289（48月＋241月）で割って１月当たりの金額を求め、それに300月を掛けることになる。

　遺族厚生年金の支給要件は、次の（a）〜（d）のいずれかを満たさなければならない。

（a）厚生年金保険の被保険者である間に死亡したとき

（b）厚生年金保険の被保険者期間に初診日がある傷病が原因で、初診日から５年以内に死亡したとき

（c）１級・２級の障害厚生（共済）年金を受けられる者が死亡したとき

（d）老齢厚生年金の受給資格期間が25年以上ある受給権者または受給資格者が死亡したとき

問 3 　**正解** ①× ②× ③○ 　**難易度 A**

① 「仮に、Ａさんが現時点（2023年５月28日）において死亡した後、長女Ｄさんの18歳到達年度の末日が終了し、妻Ｂさんの有する遺族基礎年金の受給権が消滅した場合、妻Ｂさんが65歳に達するまでの間、寂婦年金が支給されます」

→下線部分が誤り。

長女Ｄさんが18歳到達年度の末日を迎えた時点で、遺族基礎年金の支給が打ち切られる。その代わり、子どもが18歳到達年度の末日を過ぎた時点で、妻が40歳以上であれば、40歳から65歳になるまでの間、中高齢寂婦加算という加算が行われる。寂婦加算ではない。

　なお、寂婦加算とは、死亡日の前日において国民年金の第１号被保険者として保険料納付済期間および国民年金の保険料免除期間が10年以上ある夫が亡くなったときに、その夫と10年以上継続して婚姻関係（事実上の婚姻関係を含む）にあり、死亡当時にその夫に生計を維持されていた妻に対して、その妻が60歳から65歳になるまでの間支給される制度である。

② 「仮に、Ａさんが障害を負い、その障害の程度が公的年金制度における障害等級１級と認定されて障害基礎年金を受給することになった場合、その障害基礎年金の年金額（2022年度価額）は、『777,800円×1.5＋子の加算額』の算式により算出されます」

→下線部分が誤り。

障害等級１級の人の障害基礎年金の額は、障害等級２級の人の障害基礎年金の額の1.25倍となっている。

　障害基礎年金（2022年度価額）の額は次のとおり。

○障害基礎年金１級

　972,250円（障害基礎年金２級の額×1.25＋子の加算額）

○障害基礎年金２級

　777,800円＋子の加算額

○子の加算額

　第１子および第２子：各223,800円

　第３子以降　　　　：各 74,600円

③「仮に、Ａさんが障害を負い、その障害の程度が公的年金制度における障害等級３級と認定されて障害厚生年金を受給することになった場合、その障害厚生年金の年金額に配偶者の加給年金額は加算されません」

　障害厚生年金において配偶者の加給年金額の加算があるのは、障害等級１級または２級のみであり、障害等級３級には、配偶者の加給年金額は加算されない。

○障害厚生年金１級

　報酬比例の年金額×1.25＋配偶者の加給年金額

○障害厚生年金２級

　報酬比例の年金額＋配偶者の加給年金額

○障害厚生年金３級

　報酬比例の年金額

○障害手当金（一時金）

　障害厚生年金×２（最低保障額1,166,800円）

第２問

問4　正解　①×　②○　③○　〔難易度 A〕

①不適切。日経平均株価は、東京証券取引所のスタンダード市場ではなく、プライム市場に上場している銘柄のうち、代表的な225銘柄を対象とした修正平均型の株価指標である。

②適切。上場株式の注文方法のうち、指値注文では、高い値段の買い注文が低い値段の買い注文に優先して売買が成立し、低い値段の売り注文が高い値段の売り注文に優先して売買が成立する。これを、価格優先の原則という。また、同じ値段の買い

注文・売り注文については、寄付や引けなどを除き、先に出された注文が後に出された注文に優先して売買が成立する。これを、時間優先の原則という。

③適切。配当金の受取りなど株主としての権利を得るためには、会社ごとに定められている権利確定日（決算期末など）までに、株式の受渡しを終えて株主になっている必要がある。株式の受渡しは営業日ベースで3日目受渡しなので（約定日を1日目と数え、土曜、日曜、祝日などは営業日ではないので計算から外す）、権利確定日の3営業日前（権利確定日を1日目と数える）までに株式を買い付ければ、権利を確定させることができる。

　本問の場合、6月30日が配当金受取りの権利が得られる権利確定日になる。6月30日から3営業日前（6月30日を計算に入れない場合は2営業日前）は6月28日（水）なので、この日が権利付き最終日となり、6月28日までに株式を買い付ければ、6月末現在の株主を対象とした配当金を受け取ることができる。

　なお、翌6月29日（木）に株式を買い付けると受渡し日は7月3日（月）となり、6月30日現在で株主になることはできないので、権利落ちとなり、6月末現在の株主を対象とした配当金は受け取れない。

●2023年6月／7月のカレンダー

日	月	火	水	木	金	土
6／25	26	27	28	29	30	7／1
2	3	4	5	6	7	8

※網掛け部分は市場休業日

問 5 　正解　①10.83（倍）②2.23（倍）　難易度 A

①PER（株価収益率）の計算式は、「PER（倍）＝株価÷1株当たり当期純利益」である。1株当たり当期純利益は「当期純利益÷発行済株式数」で求められる。

　　X社の1株当たり当期純利益＝12,000百万円÷1億株＝120円

　　∴X社のPER（倍）＝1,300円÷120円＝10.833…≒10.83（倍）

②PBR（株価純資産倍率）の計算式は、「PBR（倍）＝株価÷1株当たり純資産」である。「1株当たり純資産」は、「自己資本（本問の場合は「純資産の部合計」と同じ）÷発行済株式数」で求められる。

　　Y社の1株当たり純資産＝43,000百万円÷8,000万株＝537.5円

　　∴PBR（倍）＝1,200円÷537.5円＝2.232…≒2.23（倍）

問 6 正解 ①○ ②× ③× 難易度 A

①適切。一般に、ROE（自己資本当期純利益率）の数値が高いほうが経営の効率性が高いと判断される。計算式は、「ROE（％）＝当期純利益÷自己資本×100」である。問題文で、「純資産の金額と自己資本の金額は同じである」とされているので、自己資本は「純資産の部合計」を使う。

    X社のROE（％）＝12,000百万円÷135,000百万円×100＝8.888…（％）

    Y社のROE（％）＝11,000百万円÷43,000百万円×100＝25.581…（％）

    したがって、ROEはY社のほうがX社よりも高くなっている。

②不適切。株主への利益還元の大きさに着目した指標として、配当性向がある。計算式は、「配当性向（％）＝配当金総額÷当期純利益×100」である。

    X社の配当性向（％）＝3,000百万円÷12,000百万円×100＝25.0（％）

    Y社の配当性向（％）＝3,200百万円÷11,000百万円×100＝29.090…（％）

    したがって、配当性向は、Y社のほうがX社よりも高くなっている。

③不適切。株式投資において、PERやPBR等が低い銘柄など、企業の業績や財務内容等からみて株価が割安と判断される銘柄（割安株）に投資する手法は、一般に、バリュー投資と呼ばれる。グロース投資とは、企業の成長性を重視し、将来の売上高や利益の成長性が市場平均よりも高いと見込まれる銘柄（成長株）に投資する手法である。

第 3 問

問 7 正解 ① チ ② ニ ③ イ 難易度 A

①青色申告特別控除の適用控除額を問う設問である。青色申告特別控除は記帳形態、添付書類、電子申告または電子帳簿保存か、期限内申告か、期限後申告か、によって青色申告特別控除額が65万円、55万円、10万円に区分されるが、これらをとりまとめ、（　）内を埋めた全文は以下のようになる

Ⅰ「事業所得の金額の計算上、青色申告特別控除として最高（ 65 ）万円を控除することができます。（ 65 ）万円の青色申告特別控除の適用を受けるためには、事業所得に係る取引を正規の簿記の原則に従い記帳し、その記帳に基づいて作成した貸借対照表、損益計算書その他の計算明細書を添付した確定申告書を法定申告期限内に提出することに加えて、e-Taxによる申告（電子申告）または電子帳簿保存を行う必要があります。なお、確定申告書を法定申告期限後に提出した場合、青色申告特別控除額は最高（ 10 ）万円となります」

②青色申告者が受けられる税務上の特典を問う設問である。これらをとりまとめ、（　）

内を埋めた全文はと以下のようになる。

Ⅱ「青色申告者が受けられる税務上の特典として、青色申告特別控除のほかに、青色事業専従者給与の必要経費算入、純損失の（ 3 ）年間の繰越控除、純損失の繰戻還付、棚卸資産の評価について低価法を選択できることなどが挙げられます」

問 8 　正解 　①○ 　②× 　③× 　難易度 A

①不動産所得の金額の計算上生じた損失の金額のうち、土地の取得に係る負債の利子がある場合の取扱いを問う設問である。不動産所得の金額の計算上生じた損失の金額のうち、土地の取得に係る負債の利子がある場合、その負債の利子の金額を限度として、損益通算の対象とすることはできない。

　　したがって、Aさんの場合、不動産所得の金額 は▲40万円なのに対し、土地の取得に係る負債の利子の額は20万円なので、損益通算の対象とならない金額は20万円となる。

②妻Bさんについて配偶者控除の適用の有無を問う設問である。＜Aさんとその家族に関する資料＞によると妻Bさんは48歳であり、「2022年中に100万円の給与を受け取っている」とあるので、以下の算式が成り立ち、合計所得金額は48万円以下という所得要件は満たしている。

　　100万円（給与等の収入金額）－55万円（給与所得控除額の最低額）＝45万円

　　ただし、その内容は青色事業専従者給与であり、控除対象配偶者となる人の範囲には、青色申告者の事業専従者としてその年を通じて一度も給与の支払いを受けていないことも含まれるので、配偶者控除の適用を受けることはできない。

③老人扶養親族の適用の有無を問う設問である。＜Aさんとその家族に関する資料＞によると母Cさんは、2022年中の収入は、公的年金の老齢給付のみであり、その収入金額は70万円であることがわかるので、

　　70万円（公的年金等の収入金額）－110万円（65歳以上の公的年金等の控除額の最低額）

という算式が成り立ち、合計所得金額48万円以下という扶養親族の所得要件を満たしている。

　　また、老人扶養親族とは、控除対象扶養親族のうち、その年12月31日現在の年齢が70歳以上の親族をいうが、＜Aさんとその家族に関する資料＞によると母Cさんは73歳であるため、こちらの年齢要件も満たしている。したがって、母Cさんは老人扶養親族に該当し、なおかつ、同居しているので同居老親等となり、扶養控除の控除額は58万円となる。

①総所得金額に算入される所得の金額を問う設問である。設問の＜Ａさんの2022年分の収入等に関する資料＞によると、Ａさんの事業所得の金額は青色申告特別控除後で500万円と与えられている。また、不動産所得の金額は▲40万円であるが、問 8の①にあるように、不動産所得の金額の計算上生じた損失の金額のうち、土地の取得に係る負債の利子がある場合、損益通算の対象とすることはできないので損益通算の対象とできる不動産所得の金額は▲20万円と算定できる。

　　また、一時払変額個人年金保険の解約返戻金は契約から 5 年以内に解約した場合には金融類似商品として源泉分離課税扱いとなるが、設問の場合、契約年月が2014年10月であるので、一時所得に区分される。

　　一時所得の金額は

　　560万円（総収入金額）－ 500万円（収入を得るために支出した金額）－50万円（特別控除額）＝10万円（一時所得の金額）

と算定されるのであるが、総所得金額に算入される一時所得の金額はその所得金額に $\frac{1}{2}$ を乗じて求められるので

　　10万円× $\frac{1}{2}$ ＝ 5 万円（総所得金額に算入される一時所得の金額）

となる。よって総所得金額は、

　　500万円（事業所得）－20万円（損益通算の対象となる不動産所得の損失）＋
　　5 万円（総所得金額に算入される一時所得の金額）＝4,850,000円

と算定される。

②基礎控除額を問う設問である。基礎控除額は納税者本人の合計所得金額が2,400万円以下の場合、480,000円が適用できるのであるが、①にあったように、総所得金額はすでに4,850,000円と算定されているので、純損失の繰越控除も雑損失の繰越控除もない場合、この総所得金額が合計所得金額となる。

　　したがって、この設問においては基礎控除480,000円が適用される。

③算出税額を問う設問である。本問の場合、課税総所得金額が（ c ）欄に2,700,000円と記載されている。よって、この課税総所得金額を＜資料＞所得税の速算表の「195万円超　330万円以下」にあてはめて計算することになる。

　　したがって、

　　2,700,000円（課税総所得金額）×10％－ 9 万7,500円＝172,500円

と算定される。

問 10　正解　①600（㎡）　②2,160（㎡）　　難易度 A

①建蔽率の上限となる建築面積

　　指定建蔽率が80％の地域で、かつ、防火地域内にある耐火建築物については、建蔽率の制限を受けない（100％）。

　　以上より、建蔽率の上限となる建築面積は、

　　600㎡×100％＝600㎡

②容積率の上限となる延べ面積

　　幅員12m未満の道路に接する敷地では、（ア）「指定容積率」と（イ）「前面道路幅員×$\frac{6}{10}$（住居系用途地域では$\frac{4}{10}$）」のいずれか低い方の容積率が適用される。よって、設問の場合、幅員6mであるため、

　　・指定容積率：400％

　　・前面道路幅員による容積率の制限：$6（m）×\frac{6}{10}＝360％$

　　したがって、甲土地において上限となる容積率は360％である。

　　以上より、容積率の上限となる延べ面積は、

　　600㎡×360％＝2,160㎡

問 11　正解　①×　②○　③×　　難易度 A

①不適切。宅地・建物を自ら賃貸し、管理することを業として行う場合は宅地建物取引業に該当せず、宅地建物取引業の免許は不要である。

②適切。特定賃貸借契約は「建物賃貸借契約」にあたり、サブリースのためのものであったとしても、借地借家法が適用される。

　　借地借家法では、建物の賃料が土地や建物に対する租税その他の負担の増減や、近傍同種の建物の賃料に比較して不相当となったときは、貸主または借主が相手方に対し、賃料の増減額を請求できるとされており、これは特定賃貸借契約においても例外ではない。ただし、定期借家契約の場合、賃料減額請求ができない旨の特約は有効である。

③不適切。NOI利回り（純利回り）は、対象不動産から得られる年間総収入から諸経費を控除した年間純収益を総投資額で除して算出される利回りである。年間総収入を総投資額で除するわけではない。

問 12　正解　①○　②×　③○　　難易度 B

①適切。不動産取得税および登録免許税は、不動産所得の金額の計算上、いずれも必要経費に算入することができる。

②不適切。甲土地に賃貸マンションを建設した場合、相続税額の計算上、甲土地は貸家建付地として評価される。貸家建付地の相続税評価額は、

　　相続税評価額＝自用地評価額×（１－借地権割合×借家権割合×賃貸割合）

となる。よって、甲土地の貸家建付地としての価額は、賃貸割合が高いほど低く評価される。

③適切。地方税法において、固定資産税における小規模住宅用地（住宅用地で住宅１戸当たり200㎡以下の部分）の課税標準については、課税標準となるべき価格の６分の１の額とする特例がある。

問 13　正解　①×　②○　③×　　　難易度 B

①不適切。単純承認は、積極財産、消極財産（負債）を含め、被相続人の財産のすべてを無条件で相続することで、そのための手続きは何ら必要ない。３ヵ月以内に家庭裁判所への申述が必要なのは限定承認や相続放棄をする場合。

②適切。記述のとおり。

③不適切。本問の場合、法定相続人は、妻Ｂさん、長男Ｃさん、長女Ｄさんの代襲相続人である孫Ｅさんと孫Ｆさんの４人であるため、500万円×４人＝2,000万円が非課税となる。よって、受け取った死亡退職金3,000万円のうち、相続税の課税価格に算入される金額は1,000万円となる。

問 14　正解　①5,400（万円）　②325（万円）　③3,750（万円）　　　難易度 A

（ａ）相続税の課税価格の合計額	２億5,400万円
（ｂ）遺産に係る基礎控除額	①5,400万円
課税遺産総額（（ａ）－（ｂ））	２億円
相続税の総額の基となる税額	
妻Ｂさん	2,300万円
長男Ｃさん	800万円
孫Ｅさん	325万円
孫Ｆさん	②325万円
（ｃ）相続税の総額	③3,750万円

・本問のケースにおける法定相続人は妻Ｂさん、長男Ｃさん、長女Ｄさんの代襲相続人である孫Ｅさんと孫Ｆさんの４人なので、遺産に係る基礎控除額は、3,000万円

＋600万円×4人＝5,400万円（　①　）である（「＜資料＞相続税の速算表」を参照）。

・次に相続税の総額の基となる各法定相続人の税額は以下のとおりである。

妻Bさん：2億円×$\frac{1}{2}$×30％－700万円＝2,300万円

長男Cさん：2億円×$\frac{1}{4}$×20％－200万円＝800万円

孫Eさん：2億円×$\frac{1}{8}$×15％－50万円＝325万円

孫Fさん：孫Eさんと同じで325万円（　②　）

・以上のことから、相続税の総額は、2,300万円＋800万円＋325万円＋325万円＝3,750万円（　③　）となる。

問 15　正解　①イ　②ニ　③ホ　　難易度 B

①配偶者が相続により取得した財産の金額が、配偶者の法定相続分相当額と1億6,000万円のいずれか多い金額を超えない限り、配偶者が納付すべき相続税額は算出されない。

②相続税の2割加算の対象には、被相続人の配偶者と被相続人の1親等の血族（父母や子）以外が該当する。ただし、孫Eさん、孫Fさんのように、子（Dさん）の代襲相続をする孫などは、子の代わりに相続するということで2割加算の対象にならない。

③相続税の申告書の提出期限は、相続の開始があったことを知った日の翌日から10ヵ月以内なので、Aさんの死亡日2023年4月26日の10ヵ月後で翌年の2月26日になる。

模範解答

第 1 問	
問1	①732,428（円）　②290,055（円）　③110（円）　④290,165（円）
問2	①○　②×　③×
問3	①ロ　②ト　③リ

第 2 問	
問4	①×　②×　③○
問5	①○　②○　③×
問6	①0.34（%）　②1.19（%）

第 3 問	
問7	①ヘ　②ル　③イ　④ホ
問8	①×　②×　③○
問9	①700（万円）　②640（万円）

第 4 問	
問10	①×　②○　③○
問11	①○　②○　③×
問12	①500（㎡）　②1,800（㎡）

第 5 問	
問13	①○　②×　③×
問14	①○　②×　③×
問15	①4,200（万円）　②4,460（万円）　③8,920（万円）

＜合格基準＞50点満点で30点以上

（注）1．各問題の配点は、公表されていない。
　　　2．計算問題では、計算過程も示して解答するものもある。

●**試験問題の難易度**（各問題について、ＡＢＣで難易度を判定しています）

A	易しいレベルの問題、点数をとりやすい問題	8問
B	2級の試験として通常レベルの問題	6問
C	難しい問題、新しい傾向の問題	1問

正解 ①732,428(円) ②290,055(円) ③110(円) ④290,165(円) 難易度 A

○老齢基礎年金の計算式（4分の1免除月数、4分の3免除月数は省略）

$$777,800円 \times \frac{保険料納付済月数452月（※）}{480} = 732,428円（円未満四捨五入）\cdots①$$

（※）保険料納付済月数＝厚生年金保険被保険者期間189月＋国民年金保険料納付済
期間263月＝452月

○老齢厚生年金の計算式（本来水準の額）

報酬比例部分の額は過去の報酬等に応じて計算する。

報酬比例部分の額を計算する場合は、2003年3月以前の加入期間と2003年4月以後
の加入期間分をそれぞれ計算し、合算する。ただし、Aさんには2003年3月以前の厚
生年金保険加入期間がない。

ⅰ）報酬比例部分の額＝290,055円（円未満四捨五入）…②

2003年4月以後の期間分の
平均標準報酬額280,000円 $\times \frac{5.481}{1,000} \times$ 2003年4月以後の被保険者期間の月数189月

≒290,055円（円未満四捨五入）

ⅱ）経過的加算額（円未満四捨五入）

老齢基礎年金の年金額を計算する際、20歳前と60歳以後の厚生年金被保険者
期間が反映されていないため、これを補うために経過的加算額が上乗せされる。

経過的加算額＝1,621円×被保険者期間の月数－777,800円×

$$\frac{1961年4月以後で20歳以上60歳未満の厚生年金保険の被保険者期間の月数}{480}$$

したがって、経過的加算額＝1,621円×189月－777,800円×189月／480月

＝110円（円未満四捨五入後）…③

ⅲ）加給年金額についてはAさんの厚生年金加入期間が189月のため、加給年金額
の支給要件を満たさない。

加給年金額は、厚生年金保険の被保険者期間が20年以上ある人が、特別支給の老齢厚生年金（定額部分の支給開始年齢以降であること）や65歳以後の老齢厚生年金を受けられるようになったとき、その人に生計を維持されている下記の図表にある配偶者または子がいるときに加算される。

●加給年金額加算対象者について

加算対象者	年齢制限
配偶者	65歳未満の配偶者 （大正15年4月1日以前生まれの配偶者には年齢制限なし）
子	18歳到達年度の末日までの間の子 または1級・2級の障害の状態にある20歳未満の子

したがって、Aさんの老齢厚生年金の年金額は

報酬比例部分290,055円＋経過的加算額110円＝290,165円…④

問 2 正解 ①○ ②× ③× 〔難易度 A〕

①「Aさんが希望すれば、66歳以後、老齢基礎年金および老齢厚生年金の繰下げ支給の申出をすることができます。仮に、Aさんが75歳で老齢基礎年金の繰下げ支給の申出をした場合、当該年金額の増額率は84％となります」

老齢基礎年金および老齢厚生年金の繰下げ支給による年金の増額率は、65歳に達した月から繰下げ申出月の前月までの月数×0.7％で、最大84％となる。

したがって、Aさんが75歳0ヵ月で老齢基礎年金および老齢厚生年金の繰下げ支給の申出をした場合の増額率は、84％となる（図参照）。

●繰下げ増額率

請求時の年齢	増額率
66歳0ヵ月～66歳11ヵ月	8.4％～16.1％
67歳0ヵ月～67歳11ヵ月	16.8％～24.5％
68歳0ヵ月～68歳11ヵ月	25.2％～32.9％
69歳0ヵ月～69歳11ヵ月	33.6％～41.3％
70歳0ヵ月～70歳11ヵ月	42.0％～49.7％
71歳0ヵ月～71歳11ヵ月	50.4％～58.1％
72歳0ヵ月～72歳11ヵ月	58.8％～66.5％
73歳0ヵ月～73歳11ヵ月	67.2％～74.9％
74歳0ヵ月～74歳11ヵ月	75.6％～83.3％
75歳0ヵ月	84.0％

②「Aさんは、確定拠出年金の個人型年金に加入することができます。ただし、確定拠出年金の個人型年金に加入した場合、小規模企業共済制度に加入することができなくなりますのでご注意ください」

　下線部が誤り。Aさんは、確定拠出年金の個人型年金と小規模企業共済制度に同時に加入できる。

③「2022年4月1日から、成年年齢が20歳から18歳に引き下げられました。長女Cさんは、原則として、18歳に達した日に国民年金の被保険者資格を取得することになります」

　下線部が誤り。成年年齢が18歳に引き下げられたが、国民年金の被保険者資格の取得は、「20歳に達した日（20歳の誕生日の前日）」である。したがって、長女Cさんは、国民年金の被保険者資格の取得は、「20歳に達した日（20歳の誕生日の前日）」である。

問 3　正解　①ロ　②ト　③リ　　**難易度 B**

Ⅰ「Aさんは、所定の手続により、国民年金の付加保険料を納付することができます。仮に、Aさんが付加保険料を200月納付し、65歳から老齢基礎年金を受け取る場合、老齢基礎年金の額に付加年金として年額（①ロ. 40,000）円が上乗せされます」

Ⅱ「国民年金基金は、老齢基礎年金に上乗せする年金を支給する任意加入の年金制度です。加入は口数制となっており、1口目は、保証期間のある（②ト. 終身）年金A型と保証期間のない（②ト. 終身）年金B型のいずれかを選択します。2口目以降は、2種類の（②ト. 終身）年金と5種類の□□□年金のなかから選択することができます。なお、支払った掛金は、その全額を所得税の（③リ. 社会保険料控除）として総所得金額等から控除することができます」

Ⅰ①について

　第1号被保険者および任意加入被保険者が国民年金保険料に付加保険料（月額400円）をプラスして納付すると、老齢基礎年金に付加年金が上乗せされる。

　付加年金の年金額は、200円×付加保険料納付月数で計算することができる。

　Aさんが付加保険料を200月納付した場合、

　200円×付加保険料納付月数200＝40,000円

Ⅱ②について

　国民年金基金の給付の型は、終身年金A型・B型、確定年金Ⅰ型・Ⅱ型・Ⅲ型・Ⅳ

型・Ⅴ型の７種類あり、加入口数制となっている。

　１口目は、終身年金（Ａ型、Ｂ型）、２口目以降は、終身年金（Ａ型、Ｂ型）、確定年金（５種類…Ⅰ型・Ⅱ型・Ⅲ型・Ⅳ型・Ⅴ型）から選択する（問題文の□□□には「確定」が入る）。

　なお、掛金の拠出限度額は、月額68,000円だが、個人型確定拠出年金に加入している場合は、その掛金と合算して月額68,000円以内となる。

Ⅱ③について

　国民年金基金の掛金は、全額社会保険料控除として、総所得金額等から控除することができる。

第 2 問

問 4 　正解　①×　②×　③○　　難易度 A

①不適切。格付は、信用度が高い順にAAA、AA、A、BBB、BB…と表示されるが、BBB以上の格付の債券を投資適格債といい、BB以下の格付の債券を投機的等級の債券という。Ｘ社債の格付はBBBなので、投機的格付ではなく、投資適格債の格付となっている。

②不適切。毎年受け取る利子額（税引前）は、購入価格ではなく額面金額に表面利率を乗じて得た金額となる。債券の表面利率は発行時の金利水準を反映して決定されており、Ｘ社債は固定利付債なので、その表面利率は償還時まで変わることはない。

③適切。特定公社債の利子は、利子所得として所得税および復興特別所得税15.315％、住民税５％の計20.315％の税金が源泉徴収される。特定公社債の利子は申告分離課税の対象となるが、確定申告不要制度を選択すれば、20.315％の源泉徴収で課税関係を終了させることができる。

問 5 　正解　①○　②○　③×　　難易度 A

①適切。円貨を外貨に換える際に適用されるTTS、外貨を円貨に換える際に適用されるTTBは、各金融機関が独自に決定しているので、Ｙ銀行と他の金融機関で異なることがある。

②適切。満期時の為替レートが預入時に比べて円高ドル安に変動した場合、為替差損を被るので、円換算の運用利回りがマイナスになる可能性がある。

③不適切。外貨預金の元本部分の為替差益は雑所得として総合課税の対象となる。為替差損が生じた場合は、黒字の雑所得との通算はできるが、雑所得以外の所得との損益通算は認められていない。

正解 ①0.34（%）②1.19（%） 難易度 A

①最終利回りの計算式は次のとおり。

$$最終利回り（%）= \frac{表面利率 + \dfrac{償還価格 - 購入価格}{残存期間}}{購入価格} \times 100$$

　X社債の表面利率は0.80%、償還価格は100円、購入価格は101.8円、残存期間は4年なので、その最終利回りは、次のとおり0.34%となる。

$$\frac{0.80 + \dfrac{100 - 101.8}{4}}{101.8} \times 100 = 0.343\cdots \fallingdotseq 0.34（%）（小数点以下第 3 位四捨五入）$$

②＜預入時に必要な円貨の額＞

　外貨預金に預け入れる場合に適用される為替レートはTTSである。したがって、米ドル建定期預金に預け入れる場合の為替レートは、預入時のTTSである 1 米ドル＝132.75円になるので、30,000米ドル預け入れる場合に必要な円貨の額は、30,000米ドル×132.75円＝3,982,500円になる。

＜満期時における米ドルベースでの元利金の額＞

　年利率が1.00%（＝0.01）、預入期間は 1 年なので、満期時における米ドルベースでの元利金の額は次のようになる（問題文より税金は考慮しない）。

　　元金＋利子＝30,000米ドル＋30,000米ドル×1.00%× 1 年

　　　　　　　＝30,000米ドル＋30,000米ドル×0.01× 1

　　　　　　　＝30,300米ドル

＜満期時における円ベースでの元利金の額＞

　外貨を円貨に換える際の為替レートは、TTBが適用される。満期時のTTBは 1 米ドル＝133.00円なので、満期時の米ドルベースの元利金＝30,300米ドルを円貨に換えると、30,300米ドル×133.00円＝4,029,900円になる。

＜円ベースでの運用利回り（単利による年換算）＞

　満期時における円ベースでの元利金の額は4,029,900円、預入時に必要な円貨の額は3,982,500円なので、円ベースでの収益は4,029,900円－3,982,500円＝47,400円になる。円ベースでの収益（＝47,400円）を円ベースでの預入金額（＝3,982,500円）で割れば運用利回りが計算できる。

　外貨預金の預入期間が 1 年以外の場合は年換算する必要があるが、本問の場合は預入期間が 1 年なので年換算する必要はない。したがって、運用利回り（%）＝47,400円÷3,982,500円×100＝1.190\cdots\fallingdotseq1.19（%）（小数点以下第 3 位四捨五入）となる。

問 7 正解 ①ヘ ②ル ③イ ④ホ 〔難易度 A〕

　医療費控除の概要を問う設問である。医療費控除は通常の医療費控除とセルフメディケーション医療費控除の選択制であるが、通常の医療費控除は以下の算式で求めることができる。

その年中に 支払った医療費	−	保険金などで 補填される金額	−	10万円または 所得金額の5％ （どちらか少ない額）	=	医療費控除額 （最高200万円）

　一方、セルフメディケーション医療費控除は、

その年中に支払った 特定一般用医薬品等 購入費の総額	−	保険金などで 補填される金額	−	12,000円	=	セルフメディケーション税制に係る 医療費控除額 （最高8万8,000円）

　という算式となるのであるが、以上を踏まえて、設問の全文を（　）書きを含めて記載すると以下のとおりとなる。

　「通常の医療費控除は、その年分の総所得金額等の合計額が200万円以上である場合、その年中に自己または自己と生計を一にする配偶者等のために支払った医療費の総額から保険金などで補填される金額を控除した金額が（①ヘ．100,000）円を超えるときは、その超える部分の金額（最高（②ル．2,000,000）円）を総所得金額等から控除することができます。

　また、通常の医療費控除との選択適用となるセルフメディケーション税制（医療費控除の特例）は、定期健康診断や予防接種などの一定の取組みを行っている者が自己または自己と生計を一にする配偶者等のために特定一般用医薬品等購入費を支払った場合、その年中に支払った特定一般用医薬品等購入費の総額から保険金などで補填される金額を控除した金額が（③イ．12,000）円を超えるときは、その超える部分の金額（最高（④ホ．88,000）円）を総所得金額等から控除することができます」

問 8 正解 ①× ②× ③○ 〔難易度 A〕

①Aさんの妻Bさんは2022年中に給与収入300万円を得ているので、配偶者控除の所得要件（合計所得金額が48万円以下）からも、配偶者特別控除の所得要件（年間の合計所得金額が48万円超133万円以下）からも外れる。

②Aさんの扶養親族には長男Cさん（20歳）と二男Dさん（14歳）がいるのであるが、ともに2022年中の収入はないことが設問で与えられており、所得要件は満たしてい

る。ただし、控除対象扶養親族となると、扶養親族のうち、二男Dさん（14歳）は
その年の12月31日現在の年齢が16歳未満であり、この段階で控除対象扶養親族とは
ならない。

　一方、長男Cさん（20歳）は、その年の12月31日現在の年齢が19歳以上23歳未満
に当てはまり特定扶養親族に該当するので、扶養控除額は63万円となる。

③年末調整の適用項目から外れる所得控除項目は雑損控除、医療費控除、寄附金控除
（ふるさと納税においてワンストップ特例を利用する場合を除く）の３つである。
よって、Aさんが医療費控除の適用を受けるためには、所得税の確定申告が必要と
なる。

問 9 　**正解**　①700（万円）　②640（万円）　　難易度 B

①総所得金額に算入される給与所得の金額を問う設問である。設問に、Aさんは会社
員で、給与収入の金額が900万円であることが与えられている。

　給与所得金額の算式は「収入金額－給与所得控除額」であるが、Aさんの給与収
入金額900万円を設問にある「＜資料＞給与所得控除額」にあてはめると「850万円
～」の枠に該当し、給与所得控除額は195万円と算定される

　ただし、Aさんはその年の給与等の収入金額が850万円を超えており、かつ、長
男Cさんの年齢が20歳の大学生であることから、年齢23歳未満の扶養親族を有して
いるため、所得金額調整控除の対象者となる。

　所得金額調整控除額の算式は

　|給与等の収入金額（ただし最大1,000万円が限度）－ 850万円| ×10％＝控除額

　であるので

　|900万円－850万円| ×10％＝５万円

　と算定される。

　したがって、Aさんの給与所得の金額は

　900万円－195万円（給与所得控除額）－５万円（所得金額調整控除額）＝700万円

　となる。

②総所得金額がいくらかを問う設問である。＜Aさんの2022年分の収入等に関する資
料＞によると、①で求めた給与所得のほかに、▲80万円の不動産所得があり、この
損失の金額80万円のうち、20万円は当該不動産所得を生ずべき土地の取得に係る負
債の利子を含んだものであるので、損益通算の対象となる不動産所得の金額は▲60
万円であることがわかる。

　したがって、①で求めた給与所得700万円から損益通算の対象となる不動産所得
の金額は60万円を差し引いた640万円が総所得金額となる。

問 10　正解　①× ②○ ③○　難易度 B

①不適切。地積規模の大きな宅地の評価は、三大都市圏においては500㎡以上、三大都市圏以外の地域においては1,000㎡以上の地積で一定の要件を満たす宅地について適用されるが、指定容積率が400パーセント（東京都の特別区においては300パーセント）以上の地域に所在する宅地は除かれる。

②適切。対象地の面する道路に付された「250C」の数値は、１㎡当たりの価額を千円単位で表示した相続税路線価であり、数値の後に表示されている「Ｃ」の記号（アルファベット）は、借地権割合が70％であることを示している（Ａは90％、Ｂは80％、Ｄは60％、Ｅは50％、Ｆは40％、Ｇは30％がそれぞれ借地権割合となる）。

③適切。土地の所有者が、自らその土地を青空駐車場として賃貸している場合、相続税額の計算上自用地として評価される。

問 11　正解　①○ ②○ ③×　難易度 C

①適切。DSCR（借入金償還余裕率）とは元利金カバー率のことである。手元にあるキャッシュフローが借入金返済額の何倍あるかを示す指標であり、1.0未満の時は賃料収入だけでは借入金の返済ができないことを示している。

②適切。2020年４月施行の改正民法では、賃借物の一部が滅失その他の事由により使用および収益をすることができなくなった場合において、それが賃借人の責めに帰することができない事由によるものであるときは、賃料は、その使用及び収益をすることができなくなった部分の割合に応じて減額されることとなった。

③不適切。賃貸住宅の管理業務等の適正化に関する法律において、規制対象となるマスターリース契約は対象建物が賃貸住宅の場合である。Ｘ社が一括賃借する建物はトランクルームであり、当該規制の適用は受けない。

問 12　正解　①500（㎡）②1,800（㎡）　難易度 B

①建蔽率の上限となる建築面積

　　建築物の敷地が、特定行政庁の指定する角地の場合は、建蔽率は10％緩和される。

　　また、建築物が準防火地域内にある準耐火建築物については、さらに建蔽率が10％緩和される。

　　したがって、甲土地の上限となる建蔽率は100％（80％＋10％＋10％）となる。

　　以上より、建蔽率の上限となる建築面積は、

　　500㎡×100％＝500㎡

②容積率の上限となる延べ面積

　　幅員12m未満の道路に接する敷地では、（ア）「指定容積率」と（イ）「前面道路幅員 $\times \dfrac{6}{10}$（住居系用途地域では $\dfrac{4}{10}$）」のいずれか低い方の容積率が適用される。なお、敷地が2以上の道路に接面している場合でそれぞれの道路の幅員が異なる場合は、幅員が最大のものが前面道路となる。よって、設問の場合、幅員6mとなるため、

　・指定容積率：400%

　・前面道路幅員による容積率の制限：$6（m）\times \dfrac{6}{10}=360\%$

　　したがって、甲土地において上限となる容積率は360%である。

　　以上より、容積率の上限となる延べ面積は、

　　$500㎡ \times 360\% = 1,800㎡$

第5問

問13　**正解**　①○　②×　③×　　難易度 B

①適切。自筆証書遺言については、遺言者が法務局に対して遺言書の保管の申請をすることが可能で（自筆証書遺言保管制度）、遺言書の原本を保管するほか、画像データ化を行い、遺言者の死亡後、相続人、受遺者、遺言執行者等の関係相続人等は、遺言者の閲覧が可能となり、遺言書保管事実証明書、遺言書情報証明書の交付を受けることができる。遺言者の閲覧、または遺言書情報証明書の交付があった場合は、他の相続人に遺言書が保管されていることが通知される。相続開始後は、家庭裁判所における検認は不要である。

②不適切。本肢の場合、遺留分算定の基礎となる財産は4億円で、総体的遺留分は、被相続人の財産の2分の1なので、2億円となる。また、長女Dさんの法定相続分は2分の1なので、遺留分の割合は、そのさらに2分の1となる。したがって、4億円×1／2×1／2＝1億円が遺留分の金額となり、ここまでは正しい。ただし、「遺留分を侵害する内容の遺言」も原則として無効とならないため、本肢は不適切である。

　　遺留分を侵害する遺言は無効とはならないが、相続人が遺留分侵害額請求をした範囲で減額となる。

③不適切。特定居住用宅地等として小規模宅地等についての相続税の課税価格の計算の特例の適用を受ける場合、400㎡のうち330㎡までの部分が80%の評価額減となる。したがって、本肢の場合、$8,000万円 \times \dfrac{330㎡}{400㎡} \times 80\% = 5,280万円$が減額される。よって、相続税の課税価格に算入すべき価額は、8,000万円－5,280万円＝2,720万円と

することができる。

正解　①○　②×　③×　　難易度 B

①適切。記述のとおり。

②不適切。本特例による非課税限度額は、一定の省エネ等住宅であれば1,000万円、それ以外の住宅であれば500万円である。

③不適切。本特例の適用を受けたことにより贈与を受けた財産は、相続税の課税価格には加算されない。

正解　①4,200（万円）　②4,460（万円）　③8,920（万円）　　難易度 A

（a）相続税の課税価格の合計額		3億5,000万円
	（b）遺産に係る基礎控除額	①4,200万円
課税遺産総額（（a）－（b））		3億800万円
	相続税の総額の基となる税額	
	長男Cさん	②4,460万円
	長女Dさん	4,460万円
（c）相続税の総額		③8,920万円

・本問のケースにおける法定相続人は長男Cさん、長女Dさんの2人なので、遺産に係る基礎控除額は、3,000万円＋600万円×2人＝4,200万円（　①　）である。

・課税遺産総額は、3億5,000万円－4,200万円＝3億800万円となる。

・次に相続税の総額の基となる各法定相続人の税額は以下のとおりである。

　　長男Cさん：30,800万円×1／2＝15,400万円、

　　　　　　　　15,400万円×40％－1,700万円＝4,460万円（　②　）

　　長女Dさん：長男Cさんと同じ

・以上のことから、相続税の総額は、4,460万円×2人＝8,920万円（　③　）となる。

解答・解説編

2022年９月試験（個人資産相談業務）

模範解答

第 1 問	
問1	①イ ②ト ③ニ
問2	①４分の３ ②444,926（円） ③65（歳）
問3	①× ②× ③○

第 2 問	
問4	①X社：7.93（％） Y社：7.27（％） ②X社：14.61（倍） Y社：50.63（倍）
問5	①× ②○ ③○
問6	①× ②× ③○

第 3 問	
問7	①へ ②チ ③イ ④リ
問8	①× ②× ③×
問9	①9,900,000（円） ②380,000（円） ③136,500（円）

第 4 問	
問10	①ロ ②ニ ③チ
問11	①○ ②○ ③○
問12	①480（㎡） ②1,440（㎡）

第 5 問	
問13	①ホ ②イ ③ヌ ④ト
問14	①× ②○ ③○
問15	①4,800（万円） ②5,820（万円） ③26,240（万円）

＜合格基準＞50点満点で30点以上

（注）1．各問題の配点は、公表されていない。
　　　2．計算問題では、計算過程も示して解答するものもある。

●**試験問題の難易度**（各問題について、ＡＢＣで難易度を判定しています）

A	易しいレベルの問題、点数をとりやすい問題	10問
B	２級の試験として通常レベルの問題	5問
C	難しい問題、新しい傾向の問題	0問

問 1　正解　①イ　②ト　③ニ　　難易度 A

Ⅰ「遺族基礎年金を受給することができる遺族の範囲は、国民年金の被保険者等の死亡の当時その者によって生計を維持されていた『子のある配偶者』または『子』です。『子』とは、□□□歳到達年度の末日までの間にあるか、（①イ.　20歳）未満で障害等級１級または２級に該当する障害の状態にあり、かつ、現に婚姻していない子を指します」

Ⅱ「子のある配偶者が受給する遺族基礎年金の額（2022年度価額）は、『（②ト.　777,800）円＋子の加算』の計算式により算出され、子の加算は第１子・第２子までは１人につき□□□円、第３子以降は１人につき（③ニ.　74,600）円となります。したがって、仮に、Ａさんが現時点（2022年９月11日）で死亡した場合、妻Ｂさんが受給することができる遺族基礎年金の額は、年額□□□円です。また、妻Ｂさんが遺族基礎年金を受給し、前年の所得が一定額以下である場合、妻Ｂさんは、遺族年金生活者支援給付金を受給することができ、その年額は60,240円（2022年度価額）となります」

●解説

①について

　　遺族基礎年金を受給することができる遺族は、国民年金の被保険者等の死亡の当時、その者によって生計を維持し、かつ、所定の要件を満たす「子のある配偶者」または「子」である。

　　なお、公的年金制度上の子とは、次の（ａ）または（ｂ）のいずれかであること。

（ａ）18歳到達年度の末日までの間の子で婚姻していないこと

（ｂ）１級または２級の障害の状態にある20歳未満の子で婚姻していないこと

②と③について

　　遺族基礎年金は、老齢基礎年金の満額（777,800円）に相当する基本額と、子どもの数による加算（子ども１人目・２人目は１人につき223,800円、３人目以降は１人につき74,600円が加算される）で、年金額が決まる（2022年度価額）。

　　なお、一定の所得基準以下にある遺族基礎年金の受給者には、「遺族年金生活者支援給付金」が支給される。

○支給要件は、次の①と②の両方を満たしていること

　①遺族基礎年金の受給者であること

　②前年の所得額が4,721,000円（注）以下であること

（注）扶養親族等の数に応じて増額する

○給付額は、次のとおりである。

月額5,020円（2022年度価額）

ただし、2人以上の子が遺族基礎年金を受給している場合は、5,020円を子の数で割った金額がそれぞれに支払われる。

<hr />

問 2 正解 ①4分の3 ②444,926（円） ③65（歳） 〔難易度 A〕

Ⅰ「Aさんが厚生年金保険の被保険者期間中に死亡した場合、遺族厚生年金の額は、原則として、Aさんの厚生年金保険の被保険者記録を基礎として計算した老齢厚生年金の報酬比例部分の額の（①4分の3）相当額になります。ただし、その計算の基礎となる被保険者期間の月数が□□□月に満たないときは、□□□月とみなして年金額が計算されます。仮に、Aさんが現時点（2022年9月11日）で死亡した場合、《設例》の＜Aさんとその家族に関する資料＞および下記＜資料＞の計算式により、妻Bさんが受給することができる遺族厚生年金の額は、年額（②444,926）円となります」

Ⅱ「二男Eさんが遺族基礎年金および遺族厚生年金に係る年齢要件を満たさなくなり、妻Bさんの有する遺族基礎年金の受給権が消滅したときは、妻Bさんが（③65）歳に達するまでの間、妻Bさんに支給される遺族厚生年金に中高齢寡婦加算が加算されます」

●解説

Aさんが在職中に死亡した場合、遺族基礎年金と遺族厚生年金が支給される。

（1）遺族基礎年金

老齢基礎年金の満額（777,800円）に相当する基本額と、子どもの数による加算（子ども1人目・2人目は1人につき223,800円、3人目以降は1人につき74,600円が加算される）で、年金額が決まる（2022年度価額）。

（2）遺族厚生年金

Aさんの老齢厚生年金の報酬比例部分の①4分の3に相当する金額となる。

（3）遺族基礎年金の子の加算額減額

長女Cさんが18歳到達年度の末日を迎えた時点で、遺族基礎年金の子の加算額が減額となる。

（4）遺族基礎年金の子の加算額減額

長男Dさんが18歳到達年度の末日を迎えた時点で、遺族基礎年金の子の加算額が減額となる。

（5）遺族基礎年金の子の加算額減額

　　二男Eさんが18歳到達年度の末日を迎えた時点で、遺族基礎年金が打ち切りとなる。

（6）中高齢寡婦加算について

　　子どもが18歳到達年度の末日を過ぎた時点で、妻が40歳以上であれば、40歳から③65歳になるまでの間、年額583,400円（2022年度価額）加算される。

　　なお、遺族基礎年金を受給している間は、支給停止される。

　　また、65歳以降、1956年4月1日以前生まれの妻には、中高齢寡婦加算に代えて、経過的寡婦加算（生年月日に応じた額）が加算される。

（7）妻Bさん65歳以降の併給

　　Bさんが65歳からは、Bさん自身の老齢基礎年金の支給が開始となる。

　　65歳以降は、老齢年金と遺族年金が併給される。まず、妻の老齢厚生年金が優先して支給され、老齢厚生年金の額が夫の遺族厚生年金の額を下回るときは、遺族厚生年金の額と老齢厚生年金の額との差額が遺族厚生年金として支給される。

　　なお、中高齢寡婦加算は、Bさんが65歳になると自分の老齢基礎年金が受けられるようになるため、中高齢寡婦加算は消滅する。

　　遺族厚生年金の年金額（本来水準の額）＝（ⓐ106,875円＋ⓑ472,517円）×300月／293月×3／4≒②444,926（円）

ⓐ2003年3月以前の期間分

　平均標準報酬月額250,000円×7.125／1,000×2003年3月以前の被保険者期間の月数60月＝106,875円

ⓑ2003年4月以後の期間分

　平均標準報酬額370,000円×5.481／1,000×2003年4月以後の被保険者期間の月数233月≒472,517円

　遺族厚生年金の支給要件は、次の（a）～（d）のいずれかを満たさなければならない。

（a）厚生年金保険の被保険者である間に死亡したとき

（b）厚生年金保険の被保険者期間に初診日がある傷病が原因で、初診日から5年以内に死亡したとき

（c）1級・2級の障害厚生（共済）年金を受けられる者が死亡したとき

（d）老齢厚生年金の受給資格期間が25年以上ある者が死亡したとき

遺族厚生年金の額は、死亡した人の報酬比例部分の年金額の4分の3に相当する額であるが、前述（a）・（b）・（c）に該当するケースは、被保険者期間が300月（25年）未満の場合は、300月とみなして計算する。

平均標準報酬月額とは、2003年3月までの被保険者期間の計算の基礎となる各月の標準報酬月額の総額を、2003年3月までの被保険者期間の月数で除して得た額をいう。

平均標準報酬額とは、2003年4月以後の被保険者期間の計算の基礎となる各月の標準報酬月額と標準賞与額の総額を、2003年4月以後の被保険者期間の月数で除して得た額（賞与を含めた平均月収）をいう。

問 3 　正解　①×　②×　③○　　**難易度 A**

①「介護保険の保険給付を受けるためには、<u>都道府県</u>から、要介護認定または要支援認定を受ける必要があります。ただし、介護保険の第2号被保険者に該当するAさんは、要介護状態または要支援状態となった原因が、末期がんや脳血管疾患などの加齢に伴う特定疾病によって生じたものでなければ、保険給付は受けられません」

②「仮に、Aさんが現時点（2022年9月11日）で介護保険の保険給付を受けた場合、原則として、実際にかかった費用（食費、居住費等を除く）の<u>3割</u>を自己負担する必要があります」

③「Aさんが65歳以後に、年額18万円以上の公的年金を受給している場合の介護保険の保険料の納付は、原則として、公的年金からの特別徴収の方法によります」

①について

下線部分が誤りである。

介護保険の保険給付を受けるためには、市区町村から、要介護認定または要支援認定を受ける必要がある。

なお、第1号被保険者については、要介護状態または要支援状態となった原因は問われない。

②について

下線部分が誤りである。

第2号被保険者の場合、原則として、実際にかかった費用（食費、居住費等を除く）の1割を自己負担する必要がある。

●公的介護保険

	第1号被保険者	第2号被保険者
対象者	65歳以上の人	40歳から64歳までの医療保険加入の人
受給要件	・要介護状態（寝たきり、認知症等で介護が必要な状態） ・要支援状態（日常生活に支援が必要な状態） ※要介護または要支援状態となった原因を問わず	・要介護、要支援状態が、末期がん、関節リウマチ、脳血管疾患（外傷性除く）等の加齢に起因する疾病（特定疾病16種類）による場合に限定 ※交通事故等が原因の場合は介護保険給付の対象外
保険料負担	市町村が徴収 ・特別徴収→年金年額18万円以上の場合は天引き ・普通徴収→納付書	・会社員や公務員は医療保険の保険料と一括徴収 ・自営業者など国民健康保険加入者は本人の所得等に応じて、国民健康保険の保険料に上乗せして徴収
負担割合	支給限度内で利用した介護サービスの1割または2割あるいは3割 ※軽減制度あり	利用した介護サービスの1割

③について

　Aさんが65歳以後に、年額18万円以上の公的年金を受給している場合の介護保険の保険料の納付は、原則として、公的年金からの特別徴収による。

第2問

問 4　正解　①X社：7.93（％）　Y社：7.27（％）

②X社：14.61（倍）　Y社：50.63（倍）　難易度 A

①ROE（自己資本当期純利益率）の計算式は、「ROE（％）＝当期純利益÷自己資本×100」である。問題文で、「純資産の金額と自己資本の金額は同じである」とされているので、自己資本は「純資産の部合計」を使う。

　　X社のROE（％）＝2,300百万円÷29,000百万円×100＝7.931…≒7.93（％）

　　Y社のROE（％）＝800百万円÷11,000百万円×100＝7.272…≒7.27（％）

②PER（株価収益率）の計算式は、「PER（倍）＝株価÷1株当たり当期純利益」である。1株当たり当期純利益は「当期純利益÷発行済株式数」で求められる。

X社の1株当たり当期純利益＝23億円÷2,100万株＝109.523…円≒109.52円

∴X社のPER（倍）＝1,600円÷109.52円＝14.609…≒14.61（倍）

Y社の1株当たり当期純利益＝8億円÷1,000万株＝80円

∴Y社のPER（倍）＝4,050円÷80円＝50.625≒50.63（倍）

問 5 正解 ①× ②○ ③○ 〔難易度 A〕

①不適切。PBR（株価純資産倍率）の計算式は、「PBR（倍）＝株価÷1株当たり純資産」である。1株当たり純資産は、「自己資本（本問の場合は「純資産の部合計」と同じ）÷発行済株式数」で求められる。

X社の1株当たり純資産＝290億円÷2,100万株＝1,380.952…≒1380.95円

X社株式のPBR（倍）＝1,600円÷1,380.95円＝1.158…≒1.16（倍）

Y社の1株当たり純資産＝110億円÷1,000万株＝1,100円

Y社株式のPBR（倍）＝4,050円÷1,100円＝3.681…≒3.68（倍）

したがって、「PBRは、X社株式のほうがY社株式よりも高くなっています」という文章が誤りで、Y社株式のほうがX社株式より高い。なお、「これ（＝PBRの高さ）だけをもって株式が割高であると判断することはお勧めしません。PERなどの他の投資指標についても比較検討するなど、多角的な視点が望まれます」という文章は適切である。

②適切。配当性向（％）＝配当金総額÷当期純利益×100

X社の配当性向（％）＝420百万円÷2,300百万円×100＝18.260…（％）

Y社の配当性向（％）＝300百万円÷800百万円×100＝37.5（％）

したがって、「配当性向は、Y社のほうがX社よりも高くなっています」という文章は正しい。また、「株主への利益還元の大きさに着目した指標として、配当性向があります」という文章も適切である。

③適切。自己資本比率の計算式は、「自己資本比率（％）＝自己資本（本問の場合は「純資産の部合計」と同じ）÷総資本（他人資本＋自己資本）×100＝自己資本÷資産の部合計×100」である。

X社の自己資本比率（％）＝29,000百万円÷54,000百万円×100＝53.703…（％）

Y社の自己資本比率（％）＝11,000百万円÷18,000百万円×100＝61.111…（％）

したがって、「自己資本比率は、Y社のほうがX社よりも高くなっています」という文章は正しい。また、「一般に、自己資本比率が高いほど、経営の安全性が高いと考えられます」という文章も適切である。

正解 ①× ②× ③○ 難易度 B

　　　NISAについては、2023年度税制改正により、2024年1月から新制度（新NISA）に移行したが、本問は2022年9月の出題であり、2022年4月1日現在施行の法令等に基づいて解答するものとされているため、以下の解説も2022年4月1日現在の法令等に基づいて行う。

①不適切。口座開設可能な者は、2022年までは、NISA口座（一般NISA・つみたてNISA）は、口座を開設する年の1月1日時点で20歳以上、ジュニアNISA口座は20歳未満またはその年に生まれた者、とされていた。2023年以降は、NISA口座は18歳以上、ジュニアNISA口座は18歳未満、と変更された（ジュニアNISAは2023年末で終了）。本問の場合、2022年9月11日時点では、長男Cさんは20歳未満なので、ジュニアNISA口座しか開設できないが、2023年以降は18歳以上に該当するので、NISA口座を開設できる。

　　　本問では、上場株式への投資について、つみたてNISAの利用をすすめているが、つみたてNISAでは、所定の要件を満たす公募株式投資信託とETF（上場投資信託）だけが購入でき、上場株式は購入できない。NISA口座で上場株式を購入したい場合は、一般NISAを利用する必要がある。

②不適切。一般NISAとつみたてNISAは選択制となっており、同じ年に併用することはできない。そこは正しいが、2023年の一般NISAの非課税投資枠は年間122万円ではなく、年間120万円である。

③適切。NISA口座やジュニアNISA口座で上場株式の配当金を非課税で受け取るためには、証券会社の取引口座で配当金を受け取る「株式数比例配分方式」を選択する必要がある。これ以外の配当金の受取方法（配当金領収証方式、個別銘柄指定方式、登録配当金受領口座方式）では、非課税扱いとならず、課税扱いとなる（この場合でも譲渡益は非課税扱い）。

第3問

問 7 正解 ①ヘ ②チ ③イ ④リ 難易度 A

　　　2022年中に住宅ローンを利用して既存住宅を取得した場合の住宅借入金等特別控除の適用を受けようとする場合の要件を問う設問である。ポイントとなる点は以下のとおり

○床面積要件：50㎡以上であり、かつ、床面積の2分の1以上が居住の用

○所得要件：合計所得金額が、2,000万円以下

○控除期間：最大で10年間

○控除対象借入限度額:

・既存住宅が認定長期優良住宅、認定低炭素住宅、ZEH水準省エネ住宅または省エネ基準適合住宅である場合は3,000万円

・上記以外は2,000万円

これらを踏まえて図解すると以下のとおりとなる。

【2022年以降に中古住宅を取得&居住開始した場合の住宅ローン控除】

区　分	居住年			
	2022(令和4)年	2023(令和5)年	2024(令和6)年	2025(令和7)年
認定長期優良住宅 （長期優良住宅）	3,000万円 【10年間】			
低炭素建築物 （低炭素住宅）				
低炭素建築物とみなされる特定建築物 （低炭素住宅）				
特定エネルギー消費性能向上住宅 （ZEH水準省エネ住宅）				
エネルギー消費性能向上住宅 （省エネ基準適合住宅）				
一般の中古住宅 （その他の住宅）	2,000万円 【10年間】			
控除率	全期間　一律　0.7%			
所得要件	合計所得金額　2,000万円以下			
床面積要件	50㎡以上			

<出典：国税庁　タックスアンサー1211-3より>

　　以上を踏まえて、設問の全文を（　）書きを含めて記載すると以下のとおりとなる。

　「個人が、2022年中に住宅ローンを利用して既存住宅を取得し（消費税は課されていない）、自己の居住の用に供した場合、『取得した住宅の床面積が（①：ヘ.　50）㎡以上であること』『住宅借入金等特別控除の適用を受けようとする者のその年分の合計所得金額が（②：チ.　2,000）万円以下であること』などの所定の要件を満たせば、2022年分以後、最大で（③：イ.　10）年間、住宅借入金等特別控除の適用を受けることができます。

　　控除額は、住宅ローンの年末残高に所定の控除率を乗じて算出しますが、その年末残高には限度額が設けられています。取得した既存住宅が認定長期優良住宅、認定低炭素住宅、ZEH水準省エネ住宅または省エネ基準適合住宅（以下、「認定住宅等」という）のいずれかに該当するときの年末残高の限度額は、（④：リ.　3,000）万円

解答編　2022・9月

157

となり、認定住宅等に該当しないときの年末残高の限度額は、2,000万円となります」

<hr>

問 8　**正解**　①×　②×　③×　[難易度 A]

①不適切。住宅借入金等特別控除の適用を受けるための手続きとして、控除を受ける最初の年分においては、必要事項を記載し、住宅借入金等に係る年末残高証明書等、必要書類を記載した確定申告書を納税地の所轄税務署長に提出する必要がある。

②不適切。2022年以後に契約・居住開始する場合の住宅借入金等特別控除で、その控除額がその年分の所得税額から控除しきれない場合、その残額は、翌年度分の住民税額から控除される。ただし、その際には、所得税の課税総所得金額等の5％（最高9万7,500円）が限度となる。

③不適切。2022年1月1日から2023年12月31日までの間に、『直系尊属から住宅取得等資金の贈与を受けた場合の贈与税の非課税の特例』の適用を受けた場合、贈与を受けた者ごとに省エネ等住宅の場合には1,000万円まで、それ以外の住宅の場合には500万円までの住宅取得等資金の贈与が非課税となる。

<hr>

問 9　**正解**　①9,900,000（円）　②380,000（円）　③136,500（円）　[難易度 B]

①総所得金額がいくらかを問う設問である。設例にAさんは会社員とあり、＜Aさんの2022年分の収入に関する資料＞として、給与の収入金額が1,200万円と与えられている。給与所得金額の算式は「収入金額－給与所得控除額」であるため、まずは給与所得控除額がいくらになるかを見る必要があるが、給与収入の金額である1,200万円を、＜「＜資料＞給与所得控除額」の表にあてはめると、給与所得控除額は195万円と算定される

　　ただし、ここで問題となるのは、Aさんが所得金額調整控除の適用対象者に該当するかであるが、Aさんはその年の給与等の収入金額が850万円を超えており、かつ、長男Cさんの年齢が18歳の高校生であることから年齢23歳未満の扶養親族を有しており、所得金額調整控除の対象者となる。

　　所得金額調整控除額の算式は

　　　｛給与等の収入金額（ただし最大1,000万円が限度）－850万円｝×10％＝控除額

　であるので

　　　｛1,000万円－850万円｝×10％＝15万円

　と算定される。

　　したがって、給与所得の金額は

　　　1,200万円－195万円－15万円＝990万円

となる。

②扶養控除の金額を問う設問である。設例の＜Aさんとその家族に関する資料＞によると、長男Cさんは年齢が18歳の高校生であり、2022年中の収入はないことが記されている。したがって、上記のことから長男Cさんは、38万円の扶養控除の対象者となる。

③税額控除（住宅借入金等特別控除）の金額を問う設問である。設例の＜Aさんが取得した分譲マンションに関する資料＞によると、分譲マンション取得時の銀行からの借入金は2,000万円であるが、2022年12月末の借入金残高は1,950万円で、返済期間は20年であることが記されている。

一方、取得したマンションは中古の分譲マンションであり、住宅借入金等特別控除の対象となる金額は2,000万円までとなるため、この要件内におさまっている。

したがって、《問7》の解説で説明したように、中古住宅を取得し、2022年以降に居住の用に供した場合、償還期間が10年以上の金融機関等からの借入金があれば、年末残高等×0.7％が住宅借入金等特別控除の対象となる。結果、

1,950万円×0.7％＝13万6,500円

と、住宅借入金等特別控除の額が算定される。

第4問

問10 正解 ①ロ ②ニ ③チ 〔難易度 B〕

被相続人の居住用財産（空き家）に係る譲渡所得の特別控除の特例を受けるためには、相続した家屋について、1981年5月31日以前に建築されたこと、相続開始直前において被相続人以外に居住をしていた人がいなかったことなどの要件を満たす必要があり、マンションなどの区分所有建物登記がされている建物は対象とならない。

この特例の適用を受けるためには、家屋を取り壊して更地で譲渡するか、または、家屋を一定の耐震基準を満たすようにリフォームしてから、その家屋のみを譲渡するか、もしくはその家屋とともに敷地を譲渡する必要がある。ただし、いずれの場合であっても、その譲渡の対価の額が1億円以下でなければならない。

問11 正解 ①○ ②○ ③○ 〔難易度 A〕

①適切。建設協力金方式は、建設する建物を借り受ける予定のテナント等（設問の場合、Z社）から、建設資金の全部または一部を建設協力金として借り受けて建物を建設する方式である。借り受けた建設資金は通常、賃料の一部で返済していく。

②適切。建設協力金方式により建設後、賃貸された建物は、相続税額の計算上、貸家

として評価され、土地は貸家建付地として評価される。

③適切。建設協力金方式により建物を建設し、テナントに賃貸後相続が発生した場合、所定の要件を満たすことで、土地は貸付事業用宅地等として、小規模宅地等についての相続税の課税価格の計算の特例の適用を受けることができる。

問 12 **正解** ①480（㎡）②1,440（㎡） **難易度 A**

①建蔽率の上限となる建築面積

建築物の敷地が、特定行政庁の指定する角地の場合は、建蔽率は10％緩和される。また、建築物が準防火地域内にある準耐火建築物については、さらに建蔽率が10％緩和される。

したがって、甲土地の上限となる建蔽率は100％（80％＋10％＋10％）となる。

以上より、建蔽率の上限となる建築面積は、

480㎡×100％＝480㎡

②容積率の上限となる延べ面積

幅員12m未満の道路に接する敷地では、（ア）「指定容積率」と（イ）「前面道路幅員×6／10（住居系用途地域では4／10）」のいずれか低い方の容積率が適用される。なお、敷地が2以上の道路に接面している場合でそれぞれの道路の幅員が異なる場合は、幅員が最大のものが前面道路となる。よって、設問の場合、幅員7mとなるため、

・指定容積率：300％

・前面道路幅員による容積率の制限：7（m）×6／10＝420％

したがって、甲土地において上限となる容積率は300％である。

以上より、容積率の上限となる延べ面積は、

480㎡×300％＝1,440㎡

第 5 問

問 13 **正解** ①ホ ②イ ③ヌ ④ト **難易度 B**

①長女Dさんの法定相続分は、1／4なので、遺留分はその1／2である1／8となる。したがって、8億円×1／8＝1億円が、長女Dさんの遺留分の金額となる。

②特定同族会社事業用宅地等に該当する場合、限度面積400㎡、減額割合80％の特例適用となるため、X社本社敷地400㎡の相続税評価額7,000万円のうち80％が減額される。したがって、7,000万円×20％＝1,400万円が、課税価格に算入される。なお、自宅敷地（特定居住用宅地等）とX社本社敷地（特定同族会社事業用宅地等）につ

いて、小規模宅地等についての相続税の課税価格の計算の特例の適用を受けようとする場合、それぞれの宅地の適用対象の限度面積まで適用を受けることができる。

　なお、貸付事業用宅地等を含む2以上の種類の宅地等について特例の適用を受ける場合には、調整が行われる。

③普通養子縁組の場合、実親との関係は継続する。

問 14　正解　①×　②○　③○　難易度 B

①不適切。贈与前年の本人の所得（孫Eさんの所得）が1,000万円以下であることが必要である。

②適切。記述のとおり。

③適切。贈与者が死亡した日の残高は、相続税の課税対象となる。

問 15　正解　①4,800（万円）　②5,820（万円）　③26,240（万円）　難易度 A

（a）相続税の課税価格の合計額		8億円
	（b）遺産に係る基礎控除額	①　4,800万円
課税遺産総額（（a）－（b））		75,200万円
	相続税の総額の基となる税額	
	妻Bさん	14,600万円
	長男Cさん	②　5,820万円
	長女Dさん	5,820万円
（c）相続税の総額		③26,240万円

　本問のケースにおける法定相続人は妻Bさん、長男Cさん、長女Dさんの3人なので、遺産に係る基礎控除額は、3,000万円＋600万円×3人＝4,800万円　（①）　である。

　課税遺産総額は、8億円－4,800万円＝7億5,200万円となる。

　次に相続税の総額の基となる各法定相続人の税額は以下のとおりである。

・妻Bさん　　：75,200万円×1／2＝37,600万円

　速算表により、37,600万円×50％－4,200万円＝14,600万円

・長男Cさん：75,200万円×1／4＝18,800万円

　速算表により、18,800万円×40％－1,700万円＝5,820万円　（②）

・長女Dさん：長男Cさんと同じ

　以上のことから、相続税の総額は、14,600万円＋5,820万円＋5,820万円＝26,240万円（③）となる。

MEMO

書籍の正誤についてのお問い合わせ

　内容について、万一誤りと思われる箇所がありましたら、以下の方法でご確認いただきますよう、お願い申し上げます。

　なお、正誤のお問い合わせ以外の内容に関する解説・受検指導等は行っていません。そのようなお問い合わせにつきましては、お答え致しかねますので、ご了承ください。

❶ 正誤表の確認方法

　当社ホームページのトップページから「正誤表」コーナーにアクセスいただき、正誤表をご確認ください。

https://www.kindai-sales.co.jp/

❷ 正誤のお問い合わせ方法

　正誤表がない場合、あるいは正誤表があっても疑問の箇所が掲載されていない場合は、書名、発行年月日、お客様のお名前、ご連絡先を明記の上、下記のいずれかの方法でお問い合わせください。

　なお、回答までに時間を要する場合もございますので、あらかじめご了承ください。

文書でのお問い合わせ	郵送先：〒165-0026　東京都中野区新井2-10-11 ヤシマ1804ビル4階 （株）近代セールス社 出版企画室 正誤問い合わせ係
FAXでのお問い合わせ	FAX番号：**03－6866－7593**
e-mailでのお問い合わせ	アドレス：book-k@kindai-sales.co.jp

＊お電話でのお問い合わせは、お受けできませんので、ご了承ください。

解説部分執筆協力者
（50音順、敬称略）

置鮎　謙治

佐藤　正明

田中　卓也

目黒　政明

望月　厚子

2024年度版
ＦＰ技能検定２級過去問題集
＜実技試験・個人資産相談業務＞

2024年 5 月10日　初版発行

編　者——ＦＰ技能検定試験研究会
発行者——楠　真一郎

発　行——株式会社　近代セールス社
　　　　〒165-0026 東京都中野区新井2-10-11 ヤシマ1804ビル 4 階
　　　　電話（03）6866-7586
　　　　FAX（03）6866-7596
　　　　https://www.kindai-sales.co.jp

DTP・印刷——株式会社　アド・ティーエフ
製本——株式会社　新寿堂